THE CHANCE
더 찬스

THE 당신에게 찾아올 부의 대기회

CHANCE

더 찬스

김영익 지음

21세기북스

시대에 당하지 않으려면
거시경제를 알자

서강대학교 경제대학원에서 교수직을 맡기 전에 나는 증권사 리서치센터장으로 주로 이코노미스트 역할을 했다. 환율, 금리, 주가 등을 예측하고 시장 평가를 받는 일이다. 스트레스를 굉장히 많이 받는 직업인지라 그때부터 새벽 4시에 일어나는 습관이 생겼다. 요새도 4시만 되면 눈이 떠지는데, 눈을 뜨자마자 '오늘도 살아 있구나' 하는 생각으로 하루를 시작한다. 살아 있기에 또 이렇게 책을 쓴다.

나는 오랜 시간 경제를 공부해오면서 돈의 정의를 이렇게 내리게 되었다. 돈이란 '하고 싶은 일을 하고 싶을 때 할 수 있게 해주는 것'이다. 반대로 돈이 없으면 하고 싶은 일을 하고 싶을 때 못 한다. 그래서 돈은 정말 중요하다. 조금 더 좋은 집에서 살고 싶고, 자녀들을 교육해야 하고, 부모님 용돈도 드려야 한다. 가능하면 어려운 이웃들도 돕고 싶다. 조지 버나드 쇼는 '돈이 다는 아니지만 많을수록 좋다'고 말했다. 살아가면서 돈이 많으면 좋다. 그리고 그런 돈을 축적할 수 있는 곳이 바로 금융시장이다.

경기에는 항상 사이클이라는 게 있다. 코로나19로 충격을 받은 세계 경제는 빠른 속도로 회복하고 있다. 그러나 나는 2023년 무렵에 상당히 어려운 위기가 한번 더 닥치리라고 보고 있다. 각국의 부채가 너무 많고 자산 가격의 거품이 발생했기 때문이다. 이런 문제를 해결하고 넘어가야 세계 경제가 또 한 단계 도약할 수 있을 것이다. 그리고 그런 기회가 오면 우리는 또 다른 부를 축적할 수 있을 것이다. 이 책의 제목 '더 찬스'는 바로 그런

뜻에서 지은 제목이다.

위기는 우리가 충분히 대비하고만 있으면 또 다른 부를 축적할 수 있는 굉장히 좋은 기회이기도 하다. 주변에 부자들을 봐도 위기 때 현금이 많이 있었고, 용기가 있었다. 어려운 시절을 맞으면 많은 사람이 두려워서 투자를 못 하지만 그런 때일수록 부자들은 가진 현금뿐만 아니라 은행에서 대출을 받아 레버리지를 일으켜 또다시 금융자산을 축적한다. 부자들이 많이 하는 말이 있다.

"시대에 당하지 말자."

시대에 당하지 않으려면 거시경제의 흐름을 알아야 한다.

이 책에서는 글로벌 경제의 흐름과 금리, 환율, 그리고 이와 관련한 우리 경제와 자산 가격에 대해 전반적으로 살펴볼 것이다. 1부에서는 글로벌 경제의 흐름을 살펴보고 세계 경제성장 축의 변화를 예측해본다. 2부에서는 환율 전쟁에 대해 알아보고 어디에 어떻게 투자하면 좋을지 제안한다. 3부에서는 구조적으로 저성장 국면에 들어선 우리나라 경제를 진단하고 저성장, 저금리 시대에 어떻게 대응할지 알아본다. 마지막으로 4부에서는 주가와 부동산 등의 자산 가격을 전망하고 자산 배분을 어떻게 해야 할지, 또 이런 환경에서 기업들은 어떻게 대응해야 할지 생각해보고자 한다.

여러분은 매일같이 가정에서, 또 회사에서 정말 많은 의사결정을 하고 있을 것이다. 일상의 작은 선택부터 자산에 관한 큰 선택까지, 어떤 선택을 해야 할 때 거시경제의 흐름을 알고 있으면 직·간접적으로 도움이 된다. 이 책이 여러분이 해나갈 수많은 선택에 조금이라도 도움이 됐으면 좋겠다. 기회는 오고 있다.

2022년 5월

김영익

차례

1부

부의 대전환이 온다

미국은 갈수록 경제성장이 둔화하고 있으며 각 경제 주체의 부채도 상당히 상승했다. 미국 사람들이 소비하는 능력이 예전 같지 않다는 뜻이다. 세계 경제에서 가장 큰 비중을 차지하고 있는 미국이 이렇게 흔들리면 세계 경제는 어떻게 되는 것일까?

01 / 언제나 위기는
온다

: 경제성장 과정에서 위기는 반복되었다

세계 경제는 장기적으로 보면 성장한다. 주가도 집값
도 장기적으로는 상승한다. 다만 중간중간 위기가 찾아
온다.

인류 역사에서 반복된 경제 위기를 살펴보자. 먼저
1987년에 블랙먼데이Black Monday가 있었다. 1997년에
는 다들 기억하다시피 우리나라를 비롯한 일부 아시

아 국가에서 외환위기가 발생했고, 2008년에는 미국의 금융위기가 전 세계로 확산했다. 그리고 가장 최근인 2020년 코로나19의 발생으로 세계 경제가 극심한 침체를 겪었다.

이런 위기들을 좀 더 자세히 살펴보면, 먼저 블랙먼데이는 1987년 10월 19일 뉴욕 주식시장에서 하루 만에 주가가 22.6%나 빠진 사건을 말한다. 이는 미국 경제를 기나긴 대공황의 길로 몰았던 1929년 10월 24일(목요일)의 뉴욕 증권시장의 대폭락을 상회하는 수준이다. 이후 블랙먼데이는 주기적으로 반복되는 주식시장 폭락을 지칭하는 일반명사가 됐다.

그다음으로 1997년에는 아시아 주요 국가들이 금융위기1997 Asia Financial Crisis를 겪었다. 인도네시아와 태국이 위기의 중심지였으며, 한국도 국가 부도 사태에 근접할 만큼 심각한 위기를 겪었다. 그 원인은 국가마다 다르지만 한국의 경우 1986~1988년 이른바 '3저(저유가, 저금리, 저달러) 호황' 이후 기업의 과잉투자에 원인이 있었다. 1997년 한국의 '외환위기'는 한마디로 부실한 기업과 금융회사를 처리하는 과정이었다고 해도 지나치지는 않을 것이다. 이 시기에 한국의 자산 가격과 원화 가치가 폭락하면서 특히 외국투자가들에게 큰 기회를 주었다. 일시적으로 코스피KOSPI가 300 이하로 떨어졌고 원/달러 환율은 2,000원에 근접했었다.

2008년 글로벌 금융위기는 미국에서 시작되었다. 미국의 금융위기 원인은 주로 주택 가격의 거품 생성과 붕괴에서 찾을 수 있다. 2000년 1월에서 2006년 4월까지 미국의 20대 도시 주택 가격이 105%나 상승했다. 이는 2000년 정보통신거품 붕괴 이후 연방준비제도의 저금리 정책에 상당 부분 기인했다. 중국이 2001년 세계무역기구WTO에 가입한 이후 저임금을 바탕으로 생산한 상품을 미국에 수출한 것도 미국의 저물가와 저금리에 크게 기여했다.

위기의 시작은 2006년 하반기부터 주택 가격이 하락하면서, 주택담보대출(주로 서브프라임대출) 관련 상품의 문제가 드러나면서부터였다. 미국의 금융위기가 전 세계로 확산하면서 글로벌 주가가 급락했고, 2009년 세계 경제는 1980년 이후 처음으로 마이너스 성장(-0.1%)을 했다. 당시 세계 국내총생산GDP의 23.9%를 차지했던 미국 경제가 -2.5% 성장하면서 세계 경제의 침체를 초래했다.

그리고 2020년 코로나19로 세계 경제는 '대봉쇄Great Lockdown'를 겪었다. 각국의 소비와 투자가 크게 위축되면서 세계 교역량이 급감했다. 국제통화기금IMF에 따르면 2020년 세계 경제는 -3.1% 성장으로 1930년대 대공황 이후 최악의 침체 상태에 빠졌다.

이런 위기가 왔을 때는 모든 자산 가격이 폭락한다. 그런데 또 다른 측면에서는 이런 때야말로 부를 늘리는 중요한 기회가 된다. 위기가 왔을 때 어떻게 극복하느냐에 따라서 개인과 기업, 심지어 국가의 미래마저 달라질 수 있다. 우리가 위기를 예측하고 대응해야 하는 이유다.

: 코로나 팬데믹으로 인한 위기

장기적으로 세계 경제는 성장하지만 앞서 살펴본 위

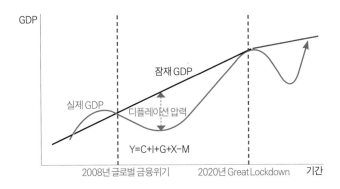

GDP

잠재 GDP

실제 GDP

디플레이션 압력

Y=C+I+G+X-M

2008년 글로벌 금융위기   2020년 Great Lockdown   기간

자료: 김영익금융경제연구소

기들이 발생할 때마다 그랬듯 단기적으로는 진통을 겪게 마련이다. 가까운 예로 2008년 글로벌 금융위기와 2020년 대봉쇄 때 세계 경제가 어떻게 움직였는지 살펴보자.

위 그래프에서 검은 선은 세계의 잠재 GDP(국내총생산)로 세계 경제가 성장할 수 있는 능력을 뜻하고, 갈색 선은 실제 GDP를 나타낸다. 장기적으로 세계 경제의 잠재 GDP는 꾸준히 성장하는 그래프를 그리는 한편, 실제

GDP는 구불구불한 그래프를 그리며 잠재 GDP를 초과할 때도 있고 미달할 때도 있다. 2008년 글로벌 금융위기, 2020년 코로나19로 인해 전 세계가 록다운된 시기에는 잠재 GDP에 비해 실제 GDP가 크게 떨어진 걸 볼 수 있다.

거시적인 경제 지표를 판단하는 식이 있다. 'Y(국민소득)=C(가계 소비)+I(기업 투자)+G(정부 지출)+X(수출)-M(수입)'으로, 가계 소비, 기업 투자, 정부 지출 그리고 수출에 따라 경제가 좋아지거나 나빠진다는 것을 나타낸다. 2008년 글로벌 금융위기의 경우 수출이 줄어들고 가계소비와 기업 투자도 줄어들었기에 국민소득이 감소하는 등 경제가 침체했다. 그래서 잠재 GDP에 비해 실제 GDP가 화살표의 크기만큼 못 미치는 결과가 발생했다. 잠재 GDP가 세계 경제의 공급 능력이라면 수요가 화살표의 크기만큼 부족했던 것이다.

이런 상황이 되면 수요를 부양하기 위해 각국 정부가 재정 정책을 펼친다. 우선 정부가 국채를 발행해서 정부지출을 늘린다. 또한 각국의 중앙은행은 금리를 내리고 양적완화를 시행한다. 금리를 내리면 소비와 투자가 늘어난다. 2008년 금융위기 이후 이처럼 과감한 재정 정책과 통화정책을 써서 2019년까지 세계 경제가 V자형 반등을 했다.

2020년 코로나19 발생 때도 비슷한 양상을 보였다. 코로나19 발생의 충격으로 2020년에 세계 경제는 -3.1%

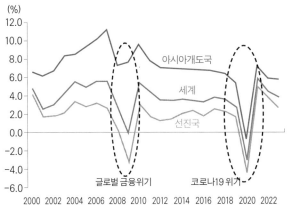

2021년 이후 세계 경제 회복

주: 2022~23년은 전망치
자료: IMF(2022.1)

성장했는데, 이는 1930년대 대공황 이후 최악의 경제 침체다. 그러다가 2020년 하반기부터 소비와 투자, 정부 지출이 늘어나면서 세계 경제가 다시 V자형 반등을 하고 있다.

IMF(국제통화기금)는 2021년에 세계 경제가 5.9% 성장한 것으로 추정했다. 2022과 2023년에는 기저효과가 사라지면서 성장률이 각각 4.4%와 3.8%로 둔화하는데, 그래도 과거 평균(2010~2021년 평균 3.3%)보다는 높은 성장을 할 것이라는 전망이다.

: 빚더미를 통해 일어선 경제

코로나19 충격에서 벗어나 경제가 회복되고 있으니 이제 걱정할 일이 없을까? 그렇지 않다. 나는 2018년 출간된 저서 『위험한 미래』에서, 세계 경제를 회복하는 과정에서 각국의 정부, 가계, 기업이 부실해졌기 때문에 2020년 상반기에 경제가 굉장히 어려워질 것으로 전망했다. 당시 2,300 안팎이던 코스피 지수가 1,600까지 떨어질 수 있을 것으로 내다봤다. 그런데 코로나19까지 발생하면서 경제는 또다시 침체했고, 어쩔 수 없이 각국 정부는 금리를 0%까지 내리고 양적완화를 실시했다. 안 그래도 재정이 부실한 상황에서 또다시 엄청난 지출을 한 것이다.

이처럼 2008년 글로벌 금융위기로 인한 여파를 미처다 회복하기도 전에 코로나19로 인한 경제 위기를 겪으면서 각국의 정부는 엄청난 출혈을 하고 있다. 또한 중앙은행이 다시 금리를 0%까지 내리면서 가계가 돈을 빌려소비하고 기업도 돈을 빌려 투자하면서 부채가 크게 늘었다.

BIS(국제결제은행)에 따르면 전 세계 부채 비율은 2007년에 GDP 대비 274%였던 것이 2020년에는 400%에 근접할 정도다. 규모로 보면 146조 달러에서 306조 달러로 2배 이상 증가했다. 한마디로 세계 경제가 부채를 통해 성장한 것이다.

부채 비율을 지역별로 보면 좀 다른 양상을 보인다.

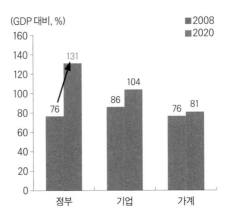

선진국 정부 부채 급증

(GDP 대비, %)

■2008
■2020

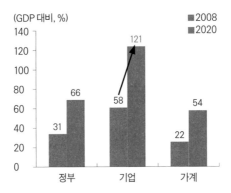

신흥국 기업 부채 확대

(GDP 대비, %)

■2008
■2020

자료: BIS

선진국의 경우에는 정부가 부실해졌다. 선진국의 GDP 대비 정부 부채 비율이 2008년 76%에서 2020년에는 131%로 급증했다. 한편 중국을 포함한 신흥국은 GDP 대비 기업 부채 비율이 58%에서 121%로 2배 이상 늘었다. 선진국은 정부가, 신흥국은 기업이 부실해진 것이다.

: 우리나라의 급증하는 가계 부채

그럼 우리나라는 어떨까? 우리나라의 부채에는 또 다른 특징이 있다. 요즘 가계 부채가 급증하고 있다는 뉴스를 여기저기서 들을 것이다. 실제로 가계 부채가 급속히 증가하고 있다. 세계 경제가 부채를 통해 성장했다고 했지만, 우리나라도 대표적으로 부채를 통해 성장한 나라 가운데 하나다.

앞서 말했듯 1980년대 말에 우리나라는 3저 호황(저금리, 저유가, 저달러)으로 굉장히 높은 경제성장(1986~1988년 연평균 12% 성장)을 이뤘다. 기업들은 미래를 낙관적으로 보고 은행에서 돈을 빌려서 상당한 투자를 했다. 그런데 1990년대에 들어서자 생산 능력은 커졌는데 수요가 공급에 미치지 못하는 현상이 일어나면서 기업과 은행이 부실해졌고, 끝내 외환위기를 맞고 말았다. 1997년 외환위기 때는 기업 부채가 GDP 대비 107%에 이를 정도였다.

외환위기로 인해 우리는 뼈 아픈 구조조정을 겪어야 했다. 하지만 외환위기에 빠졌던 다른 나라들에 비해 비교적 빨리 위기를 극복할 수 있었는데, 그 이유는 가계 부채와 정부 부채가 비교적 적었기 때문이다. 가계 부채가 GDP의 50%였고, 특히 정부 부채는 GDP 대비 6%밖에 안 되었다. 정부의 재정 상태가 건전했기에 약 170조 원에 가까운 공적 자금을 투입해서 기업 구조조정을 상대적으로 빨리 끝낼 수 있었다.

지금은 어떤가? 2021년 3분기 GDP 대비 기업 부채 비율은 114%로 외환위기 이전보다 더 높아졌다. 게다가 가계 부채가 너무 빨리 증가하고 있다. 오른쪽 그래프에서 보듯, 2021년 3분기 GDP 대비 가계 부채 비율이 약

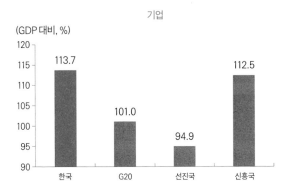

기업

(GDP 대비, %)

한국	G20	선진국	신흥국
113.7	101.0	94.9	112.5

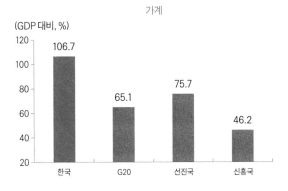

가계

(GDP 대비, %)

한국	G20	선진국	신흥국
106.7	65.1	75.7	46.2

주: 2021년 3분기 기준
자료: BIS

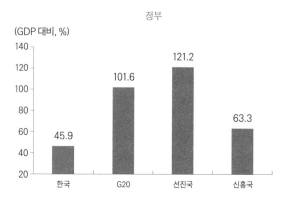

우리나라의 정부 부채

정부

(GDP 대비, %)

주: 2021년 3분기 기준
자료: BIS

107%로 다른 나라에 비해 훨씬 높다. 반면 정부 부채는 굉장히 낮은 편에 속한다.

물론 가계 부채가 늘어난다고 해서 당장 위기가 오는 것은 아니며, 기업이나 금융회사 혹은 정부가 부실해질 때 경제 위기가 왔다. 대표적으로 1997년 우리나라의 외환위기는 기업이 부실해졌기 때문이었고, 그리스와 남미의 경제 위기는 정부가 부실해진 것이 원인이었다.

문제는 가계 부채가 늘어나면 소비할 능력이 줄어든다는 점이다. 이 상태에서 금리가 오르거나 경제성장이 둔화하면 가계 부담이 더 늘어나므로 소비도 더 위축될 수밖에 없다. 그리고 가계와 기업 부채가 많으니 정부가 지출을 늘릴 수밖에 없다. 따라서 이미 정부가 많은 돈을 풀고 있지만 이는 당분간 지속될 것이다.

일본도 1990년대에 비슷한 과정을 겪었다. 가계와 기업의 소비가 위축되면서 정부가 지출을 늘린 것이다. 문제는 정부가 그 돈을 생산적인 데 쓰지 못했다는 것이다. 결과적으로 경제도 살리지 못하고 정부 부채마저 2020년부터 GDP 대비 230%를 넘어섰다. 그런데도 일본 정부가 버틸 수 있는 이유는 뭘까? 그 이유는 바로 금리가 낮기 때문이다. 2015년 이후 일본 10년 국채수익률은 거의 0%를 유지하고 있다.

또한 일본 정부가 발행한 국채의 90% 이상을 자국민이 가지고 있다는 것도 하나의 이유다. 외국인들이 일본 국채를 많이 샀다면 다시 팔아버려서 문제가 될 수도 있지만, 일본인들이 국채를 보유한 채 팔지 않기 때문에 높은 정부 부채를 견디고 있는 것이다.

이런 일본의 사례를 통해 우리 정부는 돈을 쓰더라도 잘 쓰는 게 중요하다는 것을 명심해야 한다. 또한 정부 지출은 결국 국민이 낸 귀중한 세금이므로 국민도 정부가 돈을 어떻게 쓰는지 관심을 가지고 감시할 필요가 있다.

02 / 거품의 생성과 붕괴

: 모든 자산 가격이 거품이다

다시 미국으로 돌아가보자. 미국 경제가 세계 경제에 미치는 영향이 크기 때문이다.

1990년부터 지난 30년간 미국의 명목 GDP 성장률은 연평균 4.3%로 명목 금리 4.4%와 거의 비슷한 수치를 보였다. 명목 금리는 실질 금리와 물가상승률을 더한 값이므로 장기적으로 명목 GDP 성장률과 같아야 한다.

2021년 기준으로 미 의회가 추정한 미국의 잠재 명목 GDP 성장률은 3.9%였다(실제 명목 성장률은 10.1%였다). 그런데 2021년 국채 10년짜리 금리는 연평균 1.4%에 지나지 않았다. 2022년에 금리가 2~3%에서 움직이고 있지만, 금리가 적정 수준에 비해서 지나치게 낮다. 바꿔 말하면 채권 가격이 고평가되었다는 뜻이다.

주식은 또 어떤가. GDP 대비 주식 시가총액(전체 시장 기준) 비율을 일컫는 버핏 지수Buffett indicator가 2021년 4분기에 334%였다. 2000년 이후의 비율은 평균 180% 였고, IT 거품이 붕괴되기 직전에도 210%였다. 지금 주식시장에 얼마나 큰 거품이 발생했는지 알 수 있는 부분이다.

부동산도 빠질 수 없다. 우리나라의 집값도 많이 올랐지만 미국 집값은 더 많이 올랐다. 2012년 3월부터 2022년 1월까지 '케이스-실러 20대 도시 주택가격지수 Case-Shiller Home Price Indices'를 보면 무려 114%나 올랐다. 요컨대 채권, 주식, 부동산 모든 시장에 거품이 발생한 것이다. 이 거품은 무엇으로 지탱되고 있을까?

자료: Federal Reserve Economic Data, Bloomberg

위 그래프에서 갈색 선은 '마샬 케이Marshallian K'다. 마샬 케이란 한 나라의 통화 공급의 적정수준을 측정하는 지표로, 통화량(M2)을 명목 GDP로 나눈 값이다. 쉽게 말해 '실물에 비해 돈이 얼마나 많이 풀렸느냐' 하는 것이다. 마샬 케이가 2020년부터 급상승하는 걸 볼 수 있다. 그만큼 돈이 많이 풀렸다는 뜻이다.

한편 검은 선은 미국의 대표 주가지수인 S&P500이다. S&P500도 급격히 상승한 걸 볼 수 있는데, 마샬 케이의 급격한 증가가 주가 상승을 초래한 중요한 요인이었던 것이다.

주가를 결정하는 가장 중요한 요인은 금리와 경기다. 지금은 저금리와 풍부한 유동성이 거품이 떠받치고 있지만 언제까지 버틸 수 있을지 걱정이 안 될 수 없는 상황이다.

: 물가 상승과 경기 부양의 갈림길

2021년 하반기부터 미국에서 인플레이션이니, 스태그플레이션이니 하는 이야기가 나오기 시작했다. 그 이유는 코로나 팬데믹 이후 미국 물가가 빠른 속도로 오르고 있기 때문이다.

물가가 오르면 중앙은행은 정책을 고민하게 된다. 경기를 희생하고 물가를 잡느냐, 아니면 경기 부양을 위해 인플레이션을 감수하느냐. 둘 중 하나를 선택해야 하는 것이다.

1970년대 후반에서 1, 2차 오일쇼크 영향을 미국 물가가 대폭 오른 적이 있었다. 1980년 3월에는 전년동기 대비 소비자물가상승률이 14.8%에 이르렀다. 물가가 이렇게 오르자 당시 폴 볼커 미 연방준비제도(연준) 의장은 과감히 금리를 인상했다. 1981년 6월 연방기금금리가 19.1%에 이를 정도였다. 그 결과 경기는 굉장히 나빠졌지만 물가가 잡혔고, 장기적으로는 경제는 회복되었다.

2000년대 들어와서는 물가상승률이 매우 안정적인 디스인플레이션 시대가 지속되었다. 대내적으로 미국의 노동생산성이 증가했고, 대외적으로는 2001년 중국이 세계무역기구에 가입하면서 저임금을 바탕으로 상품을 생산하여 미국에 공급해주었기 때문이다.

그러나 2021년 하반기 이후 물가상승률이 급격하게 올라가고 있다. 제롬 파월 미 연준 의장은 그동안 '물가 상승은 일시적'이라고 말해왔지만, 2021년 하반기에는 조금 톤이 바뀌어서 물가 상승세가 좀 더 오래 지속될 수 있다고 말했다.

특히 2022년 3월에는 미국의 소비자물가가 1년 전보

미국의 소비자물가 상승률 추이

자료: 미 노동부, Bloomberg

다 8.5% 상승하면서 40년 3개월 만에 최고치를 기록
했다.

　물가는 대체 왜 이렇게 오른 것일까? 우선 수요 측면
에서 보면, 앞서 말했듯 미국 정부가 과감하게 재정 지
출을 늘렸고, 중앙은행은 전례가 없을 정도로 통화 공급
을 늘렸기 때문이다. 그 결과 미국의 수요가 빠른 속도
로 회복되고 있다. 수요 측면에서 인플레이션demand-pull
inflation이 발생하고 있는 것이다. 이를 '초과수요 인플레

이션'이라고 하는데, 경기가 상승해서 과열되면 수요가 공급을 상회하므로 물가가 상승하는 것을 말한다.

공급 측면에서는 코로나 사태로 인해 보호무역주의가 강화되고 글로벌 공급망이 위축된 것이 물가 상승을 초래한 주요 요인이다. 국제유가 등 원자재 가격이 상승하면서 인플레이션을 초래하고 있다. 국제유가는 2020년 하반기 이후 급등세를 이어오고 있는데, 2020년 4월 배럴당 16달러였던 서부텍사스산원유WTI 가격이 2022년 들어서는 100달러를 넘어섰다.

유가가 오르면 상품이나 서비스를 생산하는 비용이 그만큼 늘어난다. 그러면 기업들은 시차를 두고 상품 가격에 그 비용을 반영하고, 그것이 결국에는 소비자의 부담으로 이어진다. 미국의 경우 2000년 이후 통계로 분석해보면 1개월 전 유가 상승률과 당월의 소비자물가상승률의 상관계수가 0.77로 매우 높았다. 유가가 상승하면 바로 다음 달에 물가가 올랐다는 뜻이다.

유가가 오르면 가계도 소비를 줄이게 된다. 예를 들어 차를 가진 사람은 더 비싼 값으로 기름을 넣어야 하므로, 그만큼 다른 소비를 줄이게 된다. 또한 유가 상승으로 물가가 오르면 가계의 실질소득이 줄어들면서 소비도 위축되기 마련이다.

또 다른 요인은 바로 중국이다. 중국은 2001년 세계무역기구에 가입하면서 저임금을 바탕으로 전 세계에 물건을 싸게 공급해왔다. 미국에서도 월마트에 진열된 상품 절반 이상이 중국산이라고 할 정도로 중국 제품이 싸게 많이 들어갔고, 2001년부터 2021년까지 미국의 대중 무역 적자는 5조 8천억 달러나 된다. 우리나라 또한 값싼 중국산 물건을 많이 수입하고 있다.

그러나 중국의 임금이 급속도로 오르기 시작했다. 2000년에는 중국의 임금이 미국의 30분의 1이었으나, 2020년 들어 3분의 1에 접근해가고 있다는 통계도 나온다. 이처럼 중국의 임금이 오르면서 과거처럼 중국 물건을 값싸게 공급받을 수 없으니 미국 물가도 오를 수밖에 없는 것이다.

경제학자들은 이 밖에도 다양한 물가 상승 요인을 지적한다. 우선 전 세계적으로 나타나고 있는 인구의 고령화다. 세계 각국에서 생산에 참여하는 15~64세 인구 비중은 줄어들고 소비하는 65세 인구는 늘고 있다. 또한 선진국들이 정부 부채 비율을 낮추기 위해서 인플레이션을 유도할 수 있다는 견해도 있다.

왜 인플레이션이 발생하면 부채 비율이 낮아질까? GDP 대비 정부 부채 비율을 분수로 나타내면 분자에는 부채, 분모에는 명목 GDP가 들어간다. 물가가 오르고 명목 GDP, 즉 분모가 커지면 상대적으로 부채 비율이 낮아지는 것이다.

여기다가 미국의 경우에는 대외불균형이 심화했기 때문에 중장기적으로 달러 가치가 하락하면서 물가가 더 오를 수 있다는 견해도 있다. 이에 대해서는 2부에서 자세히 살펴볼 것이다.

이런 상황에서 각국의 중앙은행은 어떤 통화정책을 펼 것인가? 영국중앙은행BOE 앤드류 베일리 총재가 이런 말을 한 적이 있다.

"중앙은행이 반도체를 생산할 수도, 트럭 기사를 확보할 수도, 바람을 세게 만들 수도 없다."

공급 측면에서 물가가 오르면 중앙은행조차 마땅한 방법이 없다는 고민을 토로한 것이다. 하지만 중앙은행의 최대 목표는 물가 안정이기 때문에 결국에는 금리를 올리는 정책을 펼 것이다. 금리가 오르면 시차를 두고 경기가 둔화할 것이고, 그러면 자산 가격의 거품도 꺼질 가능성이 크다.

: 미국의 국가부도 이야기가 나오는 이유

2021년 미국 경제는 5.7% 성장했다. 성장률이 이처럼 높게 나타난 이유는 2020년 -3.4% 성장한 데 따른 기저효과도 있다. 최근 블룸버그 컨센서스에 따르면 미국 경제성장률 전망치는 2022년에 3.5%, 2023년에 2.3%로 점점 낮아진다. 2022년 들어 경제성장에 선행하는 장단기 금리 차이(10년과 2년 국채수익률의 차이)가 빠르게 줄어들고 있는 것을 보면 앞으로 성장률 전망치가 더 낮아질 가능성이 크다.

미국의 주요 거시지표 전망

(단위: %)

	2019	2020	2021	2022	2023
GDP 성장률	2.3	−3.4	5.7	3.5	2.3
소비자물가	1.8	1.2	4.7	6.2	2.6
실업률	3.7	8.1	5.4	3.6	3.5
경상수지/경상GDP	−2.2	−3.0	−3.5	−3.6	−3.4
재정수지/경상GDP	−4.7	−15.6	−10.8	−5.1	−4.4
기준금리(말)	1.75	0.25	0.25	1.80	2.30
국채수익률(10년, 말)	1.92	0.92	1.51	2.30	2.56

자료: Bloomberg(2022.4.1)

물론 미국 경제는 아주 탄력적이라 GDP도 V자형으로 회복하고 있다. 2020년 2분기에는 실제 GDP가 잠재 GDP보다 10.8% 낮아졌다가 2021년 4분기에는 0.5%로 그 비율이 축소되었다. 미국 고용도 크게 줄어들었다가 다시 반등하고 있다. 2020년 3~4월 두 달 사이에 무려 2,199만 개의 일자리가 줄어들었고, 실업률도 2020년 2월 3.5%에서 4월에는 14.7%로 급등했다. 미국은 우리나라보다 해고가 쉽기 때문이다. 그러다 2020년 5월부터 2022년 3월까지 고용이 2,041만 개 증가했고, 2022년 3월 실업률도 3.6%로 하락했다.

이처럼 경기가 회복되면서 고용이 꾸준히 늘어나고는 있지만 아직도 코로나 직전보다 일자리 수가 158만 개 줄어든 상태다. 고용이 충분히 늘지 않으니 물가가 높은데도 금리를 인상하기가 좀처럼 어려웠다.

미국 GDP에서 소비가 차지하는 비중이 무려 70%이기 때문에 물가와 금리가 오르면 다른 나라보다 경제에 미치는 영향이 더 크게 나타날 것이다. 미국 사람들이 지금까지는 돈을 빌려서 소비해왔다면 이제부터는 빌린 돈을 갚기 위해 소비를 줄일 수밖에 없다.

오른쪽 그래프에서 보듯 미국의 가계 부채 대비 가처분소득의 비중이 계속 상대적으로 줄어들고 있다. 미국 사람들이 이제 돈을 벌면 흥청망청 쓰지 않고 돈을 덜 쓰고 있다는 것이다. 이런 측면에서 보면 미국 경제는 과거보다 낮은 성장률을 보일 것이 자명하다.

또한 미국 정부의 부채가 급격하게 늘어나면서 국가부

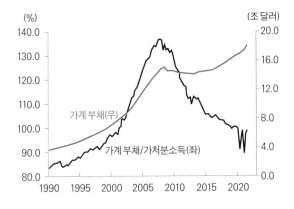

가계 부채 대비 가처분소득 비중

(%)
(조 달러)

가계 부채(우)

가계 부채/가처분소득(좌)

자료: Federal Reserve Economic Data

도를 우려하는 이야기까지 나오고 있다. 국제 신용평가 기관들이 미국 국가 신용등급을 낮출 수도 있다는 전망까지 나온다. 이미 2011년 8월 스탠더드 앤드 푸어스S&P가 미국의 재정적자와 국가부채 문제를 지적하며 국가 신용등급 전망을 한 단계 하향 조정했었다. 그때는 GDP 대비 정부 부채 비율이 99%로 2021년 3분기 122%보다 훨씬 낮았는데도 말이다.

무디스 또한 이미 미국의 국가신용등급을 부정적으로 매겼으며, 언제든지 하향 조정할 수 있다는 뜻을 내비쳤다. 피치 역시 2021년 10월 1일에 미국이 국가부도 한도를 원만하게 조정하지 못하면 신용등급 낮출 수도 있다는 경고를 했다. 이런 데이터를 보면 신용평가 기관들이 또 한 번 미국의 신용등급을 낮추더라도 무리는 아닐 것이다.

미국은 통화정책을 지속적으로 완화해왔다. 글로벌 금융위기가 오기 직전인 2007년 8월에 5.25%였던 연방 기금 금리를 금융위기 이후 2008년 12월에는 0~0.25%까지 내렸다. 또 2009년 3월에서 2012년 12월까지 3차례 양적완화를 통해 3조 1,643억 달러를 풀었다.

이번 코로나 위기 때는 또 어땠는가. 2020년 3월에서 6월 사이에 이미 3조 달러가량을 풀었다. 금융위기를 극복하기 위해서 거의 6년 동안 풀었던 돈을 3개월 만에 풀어버린 것이다. 물론 그전에 금리를 0%까지 내렸다. 이처럼 미국은 매우 탄력적인 나라인 만큼 거꾸로 상황이 좋아지면 또 금리를 대폭 올릴 수 있다는 뜻이기도

미국 연준의 기준금리와 자산 추이

(조 달러)

연준 자산(우)

QE3

QE2

QE4

QE1

연방기금금리(좌)

자료: 연준경제데이터

하다.

2020년 8월에 파월 미 연준 의장은 평균물가목표제를 도입하겠다고 발표하면서 당분간 2% 이상의 인플레이션을 허용하겠다고 했었다. 다시 말해 물가상승률이 2%가 넘어도 한동안 용인하겠다는 것이다. 그런데 2021년 10월에 IMF가 세계 경제를 전망하면서 각국의 중앙은행이 통화정책을 신축적으로 운용할 것을 권유했다. 인플레이션 압력이 명확해질 때까지는 통화 긴축에

신중하되, 예상보다 물가가 빠르게 오르면 고용률에 관계없이 빨리 금리를 인상하고 통화를 긴축해야 한다고 조언했다.

결국 미 중앙은행은 2021년 11월 테이퍼링을 결정했다. 2022년 3월부터 금리를 올리는 것은 기정사실이 되었다. 물가가 급등할수록 금리 역시 더 빨리 올라갈 수 있다.

: 우리나라의 자산 가격도 거품이다

한국은행의 '금융안정보고서' 등을 보면 '금융불균형' 이라는 단어를 종종 볼 수 있다. 이는 부채 특히 가계 부채가 너무 빠르게 늘었고 집값 중심으로 자산 가격이 지나치게 올랐다는 의미다. 금융불균형을 해소하기 위해서 한국은행은 기준금리를 올렸고 금융위원회는 가계 대출을 억제하는 정책을 내놓고 있다.

이 과정에서 주식시장에 발생한 거품은 거의 해소되었

다. 코스피와 상관계수가 가장 높은 거시경제변수는 일평균 수출금액이다. 2005년 1월에서 2022년 2월 통계를 대상으로 분석해보면 이 두 변수 사이에 상관계수가 0.85로 매우 높다. 2021년 4월에는 코스피가 일평균 수출금액을 40% 정도 앞서갔다. 그러나 그 이후 주가는 하락하고 수출이 증가하면서 2022년 2월에는 코스피가 일평균 수출금액을 과소평가하는 국면(-4%)에 접어들었다. 이런 의미에서 주식에서 발생한 거품은 거의 해소되었다고 보는 것이다.

그러나 집값은 아직 거품 영역에 있는 것으로 보인다. KB국민은행 주택 가격 통계에 따르면 우리나라 전 도시 아파트 가격은 2009년 3월을 저점으로 2022년 3월까지 오름세를 지속하고 있다. 이 기간에 아파트 가격이 74%나 올랐다.

몇 가지 기준으로 살펴보면 아파트 가격에 거품이 발생한 것을 알 수 있다. 우선 전 도시 소득 대비 주택 가격PIR은 2021년 8.0으로 2009년 5.0에 비해 커졌다. 특히 서울의 경우 같은 기간 11.7에서 19.0으로 대폭 상승했다. 서울 평균 소득을 가진 사람이 서울 평균 집을 하나 사기 위해서는 19년 동안 돈을 하나도 안 쓰고 모아야 한다는 뜻이다.

물가에 비해서도 주택 가격이 너무 많이 올랐다. 2009년 3월에서 2022년 3월 사이에 소비자물가가 28% 상승했는데, 아파트 가격은 그보다 훨씬 높은 74% 상승한 것이다. 집값의 적정수준을 평가하는 또 다른 방법이 '렌트(전월세) 가격에 비해서 집값이 얼마나 올랐는가'인데, 이것으로 평가해보아도 아파트 가격이 40% 이상 과대평가된 것으로 나타났다.

아파트 가격을 결정하는 단기적 요인은 주가, 금리, 대출금액이고 장기적 요인은 경기(동행지수순환변동치)인데, 이런 요인들을 고려하면 집값에 발생했던 거품이 서서히 해소될 가능성이 크다. 이에 대해서는 4부에서 자세히 다룰 것이다.

주가와 집값이 오르면 사람들은 마치 부자가 된 것처럼 소비를 더 늘린다. 이를 '부의 효과Wealth effect'라고 한다. 그렇다면 주식과 부동산 중 어떤 게 소비에 더 영향을 많이 미칠까? 언뜻 생각하면 주가가 오르면 소비가 더 늘어날 것 같다. 그런데 실제로 통계를 분석해보면 주가보다는 집값이 소비에 훨씬 더 영향을 미친다. 우리나라도 미국도 주가보다는 집값이 올랐을 때 부의 효과가 더 크게 나타난다. 그런데 이 거품이 꺼지면 '역의 부의 효과'가 나타날 것이다. 자산 가격이 하락하면 소비를 더 줄일 수밖에 없는 것이다.

2020년 우리 가계의 대출 원리금 상환 부담 비율(DSR)이 평균 36%다. 쉽게 말해서 한 달에 100만 원을 번다면 36만 원을 원리금 상환에 쓰고 있다는 말이다. 이 상태에서 금리가 오르면 가계의 원리금 상환 부담 또한 상당히 커진다. 게다가 세계 경제가 침체에 빠지면 임금은 안 오르고 일자리는 줄어든다. 그러면 가계가 소비를 줄일 수밖에 없다.

사실 소비만 보면 우리가 일본보다 훨씬 더 어렵다. 일본은 가계 부채는 GDP 대비 67%(2021년 3분기 기준)로 우리의 107%보다 낮다. 일본 가계가 가지고 있는 금융자산이 부채보다 5배나 많은 반면 우리나라의 경우

2.2배에 불과하다. 우리 가계가 가지고 있는 금융자산이 부채보다 상대적으로 적다는 뜻이다. 소득 차별화 역시 굉장히 심화했다. 우리 경제의 잠재성장률은 2021년부터 2% 이하로 떨어지고 있다. 그만큼 일자리가 줄어들 것이고, 가계 또한 어려워질 가능성이 크므로 이에 대한 대비가 필요하다.

03 / 세계 경제는 어디로 가는가

: 거품이 꺼질 때는 연착륙이 없다

거품은 꺼지게 마련이다. 역사적으로 많은 거품이 발생하고 꺼지는 과정을 겪었다. 고전적 거품이라면 튤립 거품과 남해회사 거품을 들 수 있다. 튤립 거품은 1630년대 네덜란드에서 튤립이 큰 인기를 끌면서 튤립 구근을 매우 높은 가격으로 계약판매하다가 값이 급락한 파동이다. 또한 남해회사 거품은 1720년 영국의 남해South Sea라는 회사가 남미 노예무역 독점권을 따내면서 주식이 급상승했으나 실적과 계약이 거짓으로 판명되면서 주가가 다시 폭락한 사건이다.『로빈슨 크루소』를 쓴 대니얼 디포Daniel Defoe도 남해회사 주식에 투자했다가 엄청난 돈을 잃었다고 알려져 있다. 아이작 뉴턴Isaac Newton 또한 주식에 투자해서 처음에 8천 파운드 벌었다가 나중에 2만 파운드를 잃은 후 이렇게 말했다고 한다.

"천체의 움직임은 계산할 수 있어도 인간의 광기는 계산할 수 없다."

1980년대에는 일본에서 거품이 일었다가 꺼졌고 1995년부터 2000년까지는 미국에서 IT 거품이 일어났다. 거품이 발생한 초기에는 모든 기업의 생산성이 늘어났다. 생산성이 늘어났다는 것은 같은 물건을 더 싸게 생산할 수 있다는 것이므로 물가는 떨어지고 경제성장률은 올라간 것이다. 이를 미국 사람들은 '신경제' 혹은 '골디락스 경제Goldilocks economy'라고 불렀다.

골디락스란 영국의 동화『골디락스와 곰 세 마리 Goldilocks and the Three Bears』에서 따온 것이다. 동화의 내용은 이렇다. 골디락스라는 이름의 소녀가 아침 일찍 산속에 들어갔다가 길을 잃어서 우연히 곰이 사는 집에 들어가게 된다. 집 안 식탁에는 세 그릇의 죽이 놓여 있었다. 굉장히 차가운 죽, 굉장히 뜨거운 죽, 뜨겁지도 차갑지도 않은 죽. 골디락스는 뜨겁지도 차갑지도 않은 죽을 먹는다. 그런 다음 침대에서 잠들었다가 집으로 돌아온 세 마리 곰을 발견하고 도망친다는 이야기다. 골디락스가 먹은 죽에 빗대어 지나치게 좋지도 않고 지나치게 나쁘지도 않은, 적당히 좋은 경기를 골디락스 경제라고 부른다.

2006~2007년에는 중국 시장에서 거품이 발생했다. 중국이 제조업 중심으로 크게 성장하면서 중국 경제가 호황을 맞았고 상하이 종합지수가 6,000을 넘었다. 그러다 2008년 미국에서 글로벌 금융위기가 오면서 상하이 종합주가지수가 1,800까지 떨어졌고, 2022년 3월에는 3,300 안팎에서 움직이고 있다. 아직도 금융위기 이전 수준을 회복하지 못한 셈이다.

이처럼 거품은 항상 세계 어디에선가 발생해왔고 언젠

가는 꺼졌다. 거품은 항상 과도하게 발생했다가 과도하게 꺼진다. 자산 가격에는 연착륙이라는 게 없고 거품이 꺼진 후의 후유증은 늘 심각하다. 물론 장기적으로는 상승하겠지만 회복하기까지 시간이 상당히 오래 걸린다. 지난 10년간 미국 주가만 오른 것을 본 사람들은 미국 주가는 계속 오르기만 하는 것처럼 착각하기 쉽다. 하지만 2000년 미국에서 IT 거품이 꺼지면서 이후 10년 동안 그렇게 탄력적이라는 미국 주가도 제자리걸음이었다는 사실을 잊지 말자. 거품이 한번 꺼지면 제자리를 찾기까지는 이처럼 지난한 시간을 견뎌야 한다.

: 한번도 보지 못한 위기가 온다

블룸버그 컨센서스가 발표한 각국의 경제성장률을 보면 전망치가 조금씩 낮아지고 있다. 대부분의 예측 기관도 2022년 경제성장률 전망치를 좀 낮추고 있다. 경제성장률이 올라가는 국면에서는 전문기관들이 예측하는 수치보다 실제 경제성장률이 더 높게 나타나는 경향이 있다. 그러면 전문기관들도 뒤따라 전망치를 상향조정한다. 반대로 경제성장률이 정점을 찍고 떨어지기 시작할 때 역시 전문기관들은 그에 따라 전망치를 낮춘다. 2022년 들어서도 그런 모습이 나타나고 있다. IMF는 분기별로 세계경제전망을 하는데, 2021년 10월에 내놓은 전망치에서는 2022년 세계경제가 4.9% 성장할 것으로 예측했다가 2022년 1월 전망에서는 경제성장률을 4.4%로 낮췄다. 특히 미국 경제성장률 전망치를 5.2%에서 4.0%로 대폭 하향조정했다.

2016년 7월에 맥킨지Mckinsey Global Institute는 '부모 세대보다 가난한 자식 세대'라는 제목의 보고서를 냈다. 역사를 보면 언제나 자식 세대가 부모 세대보다 더 풍요롭게 살았다. 그런데 맥킨지가 2005년부터 2014년까지 주요 선진국 25개국을 조사해보니 나라 전체의 GDP는 증가한 반면 가계의 65~70%는 실질소득이 줄었거나 같은 수준을 유지했다. 게다가 수준이 낮은 가계일수록 소득이 더 줄었다.

가계 소득이 감소한 주요 이유는 2008년 미국에서 시작된 글로벌 금융위기 이후 경기침체 폭이 컸고, 그 이후 경기 회복 속도가 느렸기 때문이다. 더불어 국민소득에서 노동으로 버는 소득이 감소했고 고령화에 따른 은퇴자가 증가한 것도 실질소득 감소를 초래했다.

가계 소득의 감소로 수요가 위축되었고 소득 감소를 경험한 국민들은 무역이나 이민에 대해 부정적인 시각을 갖게 되었다. 영국의 브렉시트, 필리핀의 두테르테와 미국의 트럼프 대통령이 당선되는 등의 현상이 나타나는 이유는 결국 사람들이 먹고살기 힘들기 때문이다. 소득 차별화가 심화한 지금, 상위 10%를 제외한 사람들의 소득이 줄고 있기 때문에 세계 전체의 소비가 늘어날 수가 없다. 코로나 팬데믹 전에 이미 이런 보고서가 나올 정도였는데 팬데믹은 불에 기름을 부은 격이 되었다.

전 세계적으로 부채가 급증했기 때문에 나는 2022년 하반기에서 2023년 상반기 사이에 세계 경제가 이중 침체에 빠질 것으로 보고 있다. 더 큰 문제는 쓸만한 무기가 없다는 것이다. 여기서 무기란 재정정책이나 통화정책을 말하는데, 정부가 부실해졌기 때문에 과거처럼 지출을 많이 늘릴 수도 없는 노릇이다. 가장 큰 문제는 통화정책이다. 현재도 금리가 0%대인데 뭘 어떻게 더 내리겠는가. 또한 정부에서 돈을 풀더라도 가계와 기업 부채가 많기 때문에 소비와 투자 여력이 크지 않다. 상황이 이렇다 보니 다음에 오는 위기는 지금까지 우리가 한 번도 보지 못했던 위기일지도 모른다.

: 유로존 경제가 직면한 문제

미국 외에 다른 국가들의 경제 상황도 살펴보자. 먼저 유럽 경제는 미국과 마찬가지로 2021년부터 회복세를 띠고 있지만 미국 경제보다는 조금 느리게 회복하고 있다. 유로존의 GDP 성장률은 2020년에 -6.4%였으나 2021년에는 5.2%로 회복했다. 최근 블룸버그 컨센서스에 따르면 유로존 경제는 2022년과 2023년에 각각 3.1%와 2.5% 성장할 것으로 전망된다. 이 정도면 유로 경제

유로존 주요 경제지표 전망

(단위: %)

	2019	2020	2021	2022	2023
GDP 성장률	1.3	−6.4	5.2	3.1	2.5
소비자물가	1.2	0.3	2.6	5.5	2.1
실업률	7.6	8.0	7.7	7.1	6.9
경상수지/경상GDP	2.3	2.0	2.7	2.4	2.4
재정수지/경상GDP	−0.6	−7.2	−6.9	−4.1	−2.7
기준금리(말)	0.00	0.00	0.00	0.10	0.65
달러/유로	1.12	1.22	1.14	1.14	1.17

자료: Bloomberg(2022.4.1)

로서는 굉장히 큰 성장을 하는 것이다.

달러/유로 환율을 보면 2021년 말 1.14%에서 2022년 말 1.14%, 2023년 말 1.17%로 유로 가치가 완만하게 상승할 것이라는 전망이다. 미국 경제의 불균형이 워낙 심화했기 때문에 장기적으로 달러 가치는 떨어지고 유로 가치와 다른 통화는 상대적으로 오를 것이다.

그러나 장기적으로 유로존 경제를 낙관적으로 전망할

수는 없다. 유럽의 문제에 대해서는 이미 1991년에 헬무트 콜Helmut Kohl 전 총리가 정확히 지적했다.

"정치동맹 없는 통화동맹은 허공에 성을 쌓는 것이나 마찬가지일 것이다."

유럽 국가들은 현재 유로화를 사용하는 통화동맹만 맺은 상태인데, 이것이 궁극적인 목표가 아니다. 은행 감독기구와 범유럽 예금보장기구를 설립하는 은행동맹을 거쳐 재정동맹, 즉 공동 조세권과 외교, 복지, 국방권까지 동맹을 맺어야만 유로가 완전히 통합되었다고 볼 수 있다. 그러나 최종적으로 재정동맹까지 가기에는 난관이 많아 보인다.

현재 통화동맹만 맺은 유럽의 문제는 뭘까? 그리스와 독일의 국가경쟁력이 많이 다른 걸 알고 있을 것이다. 그런데 이 두 나라가 유로라는 통화를 같이 쓰고 있다. 이것은 누구에게 유리할까? 국가경쟁력이 더 높은 독일에게 훨씬 유리하다. 독일이 예전처럼 마르크화를 가지고 있었다면 국가경쟁력이 오르면서 마르크화의 가치도 많이 상승했을 것이다. 통화의 가치가 오르면 수출은 줄어

현재

통화동맹(Monetary Union)
• 유로화: 단일 화폐 발행
• ECB: 동일한 통화정책

중간 이행기

은행동맹(Banking Union)
• 은행 감독기구 신설
• 범유럽 예금보장기구 신설

최종 목표

재정동맹(Fiscal Union)
• 조세권, 예산집행권 상위기구 이양
• 공동외교, 공동국방, 공동복지

들 것이다. 그런데 유로는 마르크화보다 상대적으로 가치가 떨어지다 보니 상대적으로 독일의 수출경쟁력이 올라가는 것이다.

반대로 그리스가 자국의 드라크마 통화를 사용하고 있었다면 어려운 그리스 경제 상황을 반영하여 그리스

통화 가치도 많이 떨어졌을 것이다. 그런데 유로화를 쓰기 때문에 통화 가치가 상대적으로 적게 떨어진다.

이런 문제들이 있기 때문에 2012년에 독일의 메르켈 총리는 그리스를 유럽연합에서 탈퇴하도록 유도할 것인가, 혹은 그리스를 포함한 5개 국가(그리스, 아일랜드, 키프로스, 스페인, 포르투갈)의 탈퇴를 유도할 것인가 고민을 많이 한 것으로 알려져 있다. 독일은 이 과정에서 자신들이 부담할 비용을 계산하면서 국익을 따졌을 것이다.

그러던 중 유럽연합이 2012년 노벨 평화상을 받았다. 양차 세계대전을 거친 후 더 이상 전쟁하지 말자는 뜻에서 만들어진 유럽연합이 유럽의 화합과 평화에 기여했다며 노벨 평화상을 수여한 것이다. 이렇다 보니 독일은 유럽연합에서 그리스나 다른 나라를 탈퇴시키려던 계획을 실행에 옮기지 못했다.

그 후 영국이 유럽연합에서 탈퇴하는 브렉시트가 결정되었다. 2022년 하반기부터 유럽 경제가 어려워지면서 다시 그리스 탈퇴 문제가 수면 위로 떠오를 수 있고, 스페인이나 포르투갈 같이 국가경쟁력이 낮은 나라들도 위기에 봉착할 수 있다. 유로존의 경제는 이처럼 잠재적 위험을 여전히 가지고 있다.

∶ 일본이 장기불황에 빠진 이유

2020년 일본 경제성장률은 -4.6%였다. 그러나 2021년 1.9% 성장으로 플러스 성장으로 돌아섰고, 2022년과 2023년에도 각각 2.4%, 1.7% 성장할 것으로 전망된다. 최근 블룸버그 컨센서스에 따르면 앤화 가치는 지속적으로 하향할 것으로 전망되고 있다.

일본 경제는 장기간 디플레이션에 빠졌는데, 그 의미를 알기 위해서 명목 GDP와 실질 GDP에 대해 짚고 넘어가자. 명목 GDP는 실질 GDP에 물가를 더한 값이므로 명목 GDP가 실질 GDP보다 커야 한다. 그런데 일본은 명목 GDP가 실질 GDP보다 오히려 더 낮다. 이는 물가가 지속적으로 떨어져 디플레이션에 빠졌다는 뜻이다.

다들 알다시피 일본 경제는 1990년대 초반까지는 호

일본의 주요 경제지표 전망

(단위 : %)

	2019	2020	2021	2022	2023
GDP 성장률	0.3	-4.6	1.9	2.4	1.7
소비자물가	0.5	0.0	-0.3	1.3	0.9
실업률	2.4	2.8	2.8	2.7	2.5
경상수지/경상GDP	3.7	3.2	2.8	2.1	2.5
재정수지/경상GDP	-2.6	-9.5	-6.4	-6.5	-4.5
기준금리(말)	-0.10	0.00	0.00	0.00	0.00
국채(10년,말)	-0.01	0.02	0.07	0.20	0.24
엔/달러	108.6	103.3	115.1	132.0	134.0

자료: Bloomberg(2022.4.1)

황이었다. 예를 들어 1995년에 일본 경제가 세계에서 차지하는 GDP 비중이 무려 17.9%에 달했다. 그런데 2021년 일본의 비중은 5.4%로, 그야말로 추락했다. 일본이 왜 이렇게 추락했을까?

그 이유를 간단히 말하면 바로 미국 때문이다. 1985년 9월 플라자 합의를 기억할지 모르겠다. 1980년대에 들어 미국 레이건 정부는 경기를 부양하기 위해 감세 정책을 펼쳤다. 그런데 이 정책으로 별 효과를 거두지 못하자 미국 재무장관은 G5 국가들의 재무장관들을 뉴욕 플라자 호텔에 소집한다. 그리고 지나치게 상승한 달러화의 가치 하락을 유도하기로 결의했다.

그렇게 달러 가치를 약화시킨 결과 상대적으로 엔화 가치가 큰 폭으로 상승했다. 플라자 합의 직전인 1985년 8월부터 1987년 12월까지 엔화 가치가 무려 48%나 올랐으니, 거의 두 배나 오른 것이다. 그러자 일본의 수출 기업들은 아우성을 쳤다. 엔 가치가 올라가면 수출 가격 경쟁력이 떨어지기 때문이다. 그래서 일본 중앙은행은 기업들을 위해 금리를 많이 인하해줬다.

플라자 합의 외에도 미국은 경기를 부양하기 위해 사우디가 원유 생산을 늘리도록 유도하면서 배럴당 27달러 정도였던 유가가 8달러까지 떨어졌다. 유가가 떨어지니까 물가가 떨어졌고, 물가가 떨어지니까 세계 각국의 중앙은행은 저금리 정책을 펼쳤다.

그 결과 일본의 대표적 주가지수인 니케이225가 1985년 말 13,083에서 1989년 말에는 38,916까지 거의 3배나 치솟았다. 같은 기간에 집값 역시 3배나 올랐다. 자산 가격에 거품이 발생한 것이다. 그러자 일본은행은 1989년부터 다시 금리를 인상하기 시작했고, 이에 따라 거품은 붕괴했다. 39,000 가까이 갔던 주가지수가 2003년에는 8,000 밑으로 떨어져서 거의 80% 이상 폭락했다. 그 후 소비를 중심으로 일본 경제가 디플레이션에 빠지면서 세계 GDP에서 일본 비중 역시 크게 하락하고 말았다.

이런 세계 경제의 흐름 안에서 일본과 달리 우리나라는 수혜를 입었다. 1985년 8월부터 1987년 12월 사이에 엔화에 비해 원화의 가치가 73%나 떨어졌다. 삼성전자, 포스코, 현대차 등이 미국을 비롯한 세계 시장에서 일본 기업들과 경쟁해왔는데, 엔화에 비해 원화 가치가 급락하니 우리 제품의 가격이 상대적으로 저렴해졌고, 그 결과 수출이 증가한 것이다. 결국 저달러, 저유가, 저금리의 이른바 '3저 호황'을 맞으면서 우리 경제는 수출 중심으로 1986~1988년에 연평균 12%나 성장했다.

: 우리나라도 일본식 장기불황의 길을 걸을까?

우리나라도 일본식 장기 불황으로 가는 게 아니냐는 우려가 제기되고 있다. 정말 그럴 가능성이 있을까?

우리나라와 일본의 차이는 딱 하나, 경제의 대외의존도다. 2021년 우리나라 GDP에서 재화와 용역을 포함한 총수출이 차지하는 비중이 44%였다. 이는 미국 12%, 일본 19%와 비교하면 매우 높은 수준이다. 일본이 1990년대 장기 불황에 빠졌을 때는 GDP에서 수출이 차지하는 비율이 9%에 불과했다.

이렇다 보니 세계 경제가 어려우면 우리는 일본보다 더 어려워질 수 있다. 이를 반대로 생각하면, 세계 경제가 좋으면 우리나라는 일본식 불황으로 가지 않을 수도 있다는 뜻이 된다.

우리나라는 대외의존도가 높기 때문에 코스피의 흐름도 국제유가의 흐름과 거의 일치한다. 2000년 1월 ~2022년 2월 통계로 국제유가(두바이유)와 코스피 지수의 관계를 분석해보면 상관계수가 0.57로 상당히 높다.

인과관계 분석을 해봐도 서로 관계가 매우 높은 것으로 나타났다. 국제유가가 상승(하락)하면 코스피도 상승(하락)했고, 반대로 코스피가 오르고 내릴 때 유가도 같은 방향으로 움직였다. 가까운 예로 2020년 하반기부터 세계 경제가 회복되면서 자연히 유가도 많이 올랐고 코스피 역시 상승했다.

세계 경제가 좋을 때는 원유 수요가 늘어서 유가도 오른다. 물론 유가가 지나치게 오르면 세계 경제에 악영향을 끼친다. 앞서 말했듯 유가가 오르면 물가가 오르고 물가가 오르면 중앙은행이 금리 올릴 수밖에 없고, 그러면 소비가 줄어든다. 그래서 유가 상승은 스태그플레이션으로 이어진다.

그러나 유가가 그 정도까지 오르지는 않을 것이다. 2007년에도 유가가 배럴당 150달러까지 갔었지만 2008년 금융위기로 인해 폭락한 사례가 있다. 2021년 코스피가 지속적으로 하락하고 있는 것을 보면 유가도 머지않아 떨어질 가능성이 크다.

요컨대, 장기적으로 세계 경제가 성장한다면 우리나라

가 일본과 같은 장기불황에 빠지는 일은 없을 것이다. 다만 수출의존도가 높은 만큼 세계 경제에 촉각을 곤두세우고 변화에 민첩하게 대응할 필요가 있다.

04 / 지는 미국, 뜨는 아시아

: 아시아가 세계 경제 주체로 부상하다

그동안 세계 경제를 주도한 나라는 누가 뭐래도 미국이다. 특히 미국의 GDP에서 소비가 차지하는 비율이 70%에 이를 정도로 미국은 소비를 통해 세계 경제성장을 주도해왔다. 그런데 앞에서 살펴봤듯 미국은 갈수록 경제성장이 둔화하고 있으며 가계 부채도 상당히 상승했다. 미국 사람들이 소비하는 능력이 예전 같지 않다는 뜻이다. 세계 경제에서 가장 큰 비중을 차지하고 있는 미국이 이렇게 흔들리면 세계 경제는 어떻게 되는 것일까? 전 세계가 불경기에 빠지지는 않을까 하는 걱정이 되지 않을 수 없다.

다행인 것은, 미국이 주춤하는 상황에서도 세계 경제는 멈추지 않고 성장할 것이라는 의견이 우세하다는 점이다. 이렇게 믿는 이유는 단기적으로는 중국, 더 나아가서는 인도, 베트남을 포함한 아세안 국가들이 꾸준히 성장할 거라는 전망 때문이다.

아시아 경제의 잠재력을 가장 강조하는 사람은 바로 미국의 투자가인 짐 로저스Jim Rogers다. 모르는 사람을 위해 짐 로저스에 관해 잠깐 설명하자면, 로저스는 1969년 조지 소로스와 함께 세계적인 헤지펀드인 퀀텀펀드를 창업했다. 그리고 엄청난 수익을 낸 뒤 1980년 서른일곱 살의 젊은 나이에 은퇴했다. 1999년부터는 3년간 116개국을 자동차로 여행했는데, 투자가답게 여행만 한 것이 아니라 수많은 나라의 정치경제 상황과 투자환경을 분석하고 그 자리에서 투자를 결정하기도 했다.

2003년에 출간한 짐 로저스의 『어드벤처 캐피탈리스트』
는 그 여행을 기록한 책인데, 이 책에서 그는 20세기가
미국의 시대였다면 21세기는 중국의 시대가 될 것이라고
전망했다.

실제로 2020년 세계 경제가 -3.1% 성장하면서 1930년
대 대공황 이후 최악의 침체에 빠졌지만 중국 경제는
2.2% 플러스 성장을 했고, 2021년에는 8.1%나 성장했다.
최근 블룸버그 컨센서스는 2022년과 2023년 중국 경제

중국의 주요 경제지표 전망

(단위 : %)

	2019	2020	2021	2022	2023
GDP 성장률	6.0	2.2	8.1	5.0	5.2
소비자물가	2.9	2.5	0.9	2.2	2.2
실업률	3.6	4.2	4.4	3.9	3.8
경상수지/경상GDP	1.0	1.5	1.8	1.5	1.1
재정수지/경상GDP	-4.9	-6.2	-3.8	-4.7	-4.5
국채(10년,말)	3.14	3.15	2.78	2.87	2.90
위안/달러	6.96	6.53	6.36	6.45	6.37

자료: Bloomberg(2022.4.1)

성장률을 각각 5.0%, 5.2%로 내다보았다. 중국이 다른 나라보다 상대적으로 높은 성장을 할 것이라는 전망이다. 2020년 기준으로 중국 GDP가 미국 GDP의 70%를 넘었고, 이런 추세로 간다면 2029~2030년 즈음에는 중국 GDP가 미국 GDP를 넘어설 가능성이 크다.

우리나라의 수출 비중 역시 미국 중심에서 중국 중심으로 옮겨가고 있다. 우리나라가 미국에 수출하는 비중은 2000년 21.8%에서 2021년 14.9%로 감소한 반면,

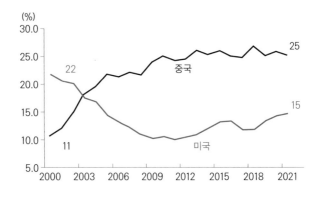

한국 수출 중 미국과 중국 비중

자료: 산업통상자원부

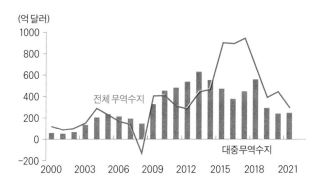

대중 무역수지 대폭 흑자

(억 달러)

전체 무역수지

대중무역수지

자료: 산업통상자원부

같은 기간 중국의 비중은 10.7%에서 25.3%로 증가한 것
이다.

위 그래프에서 갈색 선은 전체 무역수지, 막대그래프는
대중 무역수지를 뜻한다. 한때는 대중 무역수지의 흑자
가 전체 무역수지의 흑자보다 많은 적도 있었다. 2000년
에서 2021년 우리나라의 누적 무역수지 흑자(통관 기준)
8060억 달러였는 데, 이 가운데 85%인 6861억 달러가
중국에서 왔다. 그만큼 한국 경제의 중국 의존도가 커진

것이다.

: 중국의 미래, 고도성장에서 안정성장으로

　미국 못지않게 중국 경제도 중요하므로 더 살펴보자. 2008년 글로벌 금융위기의 여파로 2009년에 세계 경제는 -0.1%, 미국 경제는 -2.5% 성장한 데 반해 중국 경제는 9.4% 성장했다. 2020년에도 전 세계 경제가 -3.1%, 미국 경제가 -3.4% 성장한 반면 중국은 2.2% 성장했다. 그래서 위기가 올 때마다 중국만이 자본주의를 구제한다는 극단적인 이야기까지 나왔다.

　그럼 2009년에는 왜 중국만이 그렇게 성장했을까? 그 이유는 당시 중국 기업들이 투자를 굉장히 많이 했기 때문이다. 세계 GDP에서 투자가 차지하는 비중은 평균 22%이었는데 중국은 한때 거의 47%까지 늘어났다. 특히 건설 부문에서 과잉 투자가 발생하면서 집값에 엄청난 거품이 발생했다.

얼마 전 중국 건설사 헝다그룹의 파산 문제가 발생한 게 바로 이 때문이다. 과잉 투자의 부작용과 주택 가격 거품의 결과가 드러나고 있으며, 헝다뿐만 아니라 다른 기업들도 비슷한 문제를 안고 있으니 이것이 드러나는 것도 시간문제로 보인다.

그럼에도 불구하고 중국 정부가 견딜 만하다고 하는 이유는 14억 인구가 소비를 해주기 때문이다. 2008년에 너무 많은 투자를 하는 바람에 수요가 따라가지 못하는 상황을 경험한 중국 정부는 이제 투자보다는 소비 중심의 성장으로 정책 방향을 바꾸었다. 중국의 1인당 국민소득이 2019년에 1만 달러를 돌파하면서 소비가 증가하고 있다. 덕분에 코로나 팬데믹 상화에서도 마이너스 성장을 벗어날 수 있었던 것이다.

그러나 중국 GDP에서 소비가 차지하는 비중은 38%로, 아직 소비 비중이 아직 낮은 편이다. 소비가 더 증가할 여지가 있기 때문에 중국 경제가 극단적인 침체까지는 가지 않을 것으로 보인다.

중국의 문제는 투자 중심으로 성장하는 과정에서 기

업 부채가 많이 늘어났다는 점이다. 국제결제은행BIS
에 따르면 2021년 3분기 중국의 GDP 대비 정부 부채
는 67.6%, 가계 부채는 61.6%로 세계 평균인 93.0%와
65.8%보다 낮지만 기업 부채는 GDP 대비 155.5%로 세
계 평균(101.9%)보다 훨씬 더 높다. 이 기업 부채를 어떻
게 해결하느냐가 중국 정부의 과제다.

중국 경제의 미래에 관해서는 여러 시나리오가 있다.
먼저 기업 부채 때문에 중국이 금융위기를 겪을 것이라
고 비관적으로 보는 시각이 있다. 또한 앞으로 인구가 줄

중국 경제에 대한 시나리오		
	중국 경제의 미래	특징
시나리오 1	금융위기 Financial Crisis	- 기업과 지방 정부의 과다한 부채 - 금융회사에 대한 신뢰 저하(시장은 통제할 수 없다) - 경제 각 부문(특히 기업과 은행)에서 구조 조정
시나리오 2	중진국 함정 Stagnate	- 구조조정 지연 - 인구 구조 고령화로 소비와 투자 활동 부진
시나리오 3	안정성장 지속 Rebalance	- 투자에서 소비 중심으로 경제성장 구조 변화 - 소득 증가를 바탕으로 소비가 늘면서 공급 과잉 해소

고 투자도 줄어들면서 중진국 함정에 빠져서 장기적으로는 일본식 불황으로 갈 것이라고 보는 전망도 있다.

나는 중국의 경제성장률이 그동안의 10%, 7%까지는 아니더라도 4~5% 정도는 성장하리라고 본다. 기업과 은행의 부실을 처리하는 과정에서 급격한 경제성장 둔화를 겪긴 하겠지만 소비 중심으로 안정성장의 국면에 접어들 가능성이 커 보인다.

고성장의 시대를 지나 중국은 안정성장을 지속하며 양적 성장에서 질적 성장으로 전환될 것이다. 제조업 비중이 줄어들고 서비스업 비중은 상대적으로 늘어날 것이다. 또한 경제가 고성장할 때는 돈이 실물로 가지만 경제성장률이 낮아지면 돈이 금융시장으로 들어가므로 중국의 금융시장이 상대적으로 빨리 발전할 것으로 보인다.

: 세계 소비축이 아시아로 이동하고 있다

미국과 유로존 외에 주요 이머징 마켓의 경제 전망을

살펴보자. 우선 브라질 경제는 2020년에 -3.9% 성장했는데 기저효과로 인해 2021년에 성장률이 4.7%로 상승했다. 블룸버그 컨센서스(2022.4.1. 기준)에 따르면 2022년 0.5%, 2023년에 1.8% 성장할 것으로 예측된다. 우리 국민들도 브라질 국채에 많이 투자했는데, 2022년에 브라질 10년 국채 수익률이 10%를 넘어섰다. 우리나라 10년 국채 수익률이 3% 정도인 것에 비하면 굉장히 높은 수익률이다.

해외 투자를 할 때 꼭 고려야 하는 게 바로 환율이다. 그동안 브라질 통화 가치가 많이 떨어져서 2016년에 달러당 3.26헤알이었던 환율이 2021년 말에는 5.6헤알까지 상승했다. 채권에서는 이자가 높지만 환 때문에 손실을 볼 수도 있다는 이야기다.

경제성장률 전망치를 보면 브라질 국채에는 투자할 만하지만 아직은 시기상조인지 모른다. 2022년 하반기 이후에 글로벌 경제가 어려워지리라고 보는데, 그러면 원자재 가격도 떨어질 것이다. 브라질의 GDP 대비 정부 부채는 2008년 62%에서 2020년에는 98%로 급증했다. 따라서 브라질 국채에 적극적으로 투자할 시기는 아니라고 본다.

그럼 어디에 투자해야 할까? 2021년에 세계에서 주가가 제일 많이 오른 나라는 바로 인도와 베트남이다. 그리고 앞으로도 높은 성장률을 보일 것으로 전망된다. 인도의 경우 2022년에 8.9%, 2023년에 7.7% 성장할 것으로 전망되니, 계속 7% 이상 성장한다는 뜻이다. 베트남 경제 역시 2020년과 2021년 각각 2.9%, 2.6%씩 플러스 성장을 했고 2022년 7.0%, 2023년 6.7%로 성장률이 높은 수준을 유지할 전망이다.

내가 경제를 40년 가까이 공부해오면서 깨달은 것은 경제의 모든 비밀은 인구 구조에 있다는 것이다. 나처럼 나이가 들면 조금씩 줄이고 살 수밖에 없다. 그러나 젊은 사람들은 더 많은 소비를 하고 투자를 하게 된다. 그럼 젊은 국가는 어디인가? 세계 성장축, 소비축이 미국에서 아시아 쪽으로 이전하는 중인데, 그중에서도 중국은 이제 서서히 늙어가고 있다. 인구 구조가 젊은 나라가 바로 인도와 베트남이다.

미국의 경제성장률이 둔화하고 있지만 세계 경제를 장기적으로 낙관할 수 있는 이유는 인도와 베트남 같은 아시아 국가들이 성장하고 있기 때문이다. 위기 속의 기회는 바로 이런 아시아 국가들에 있다. 앞서 거품은 세계 각처에서 항상 일어난다는 역사적 사실을 살펴봤다. 거품이 일어난다는 것은 곧 부를 축적할 기회이기도 하다. 앞으로도 세계 어디에선가 거품은 발생할 것인데, 나는 다음으로 거품이 일어날 지역이 아시아라고 보고 있다. 지금처럼 어려운 시기일수록 거품이 일어날 곳을 예측해 미리 투자해야 한다.

: 러시아의 우크라이나 침공에 따른 경제적 영향

2022년 2월 말 러시아가 우크라이나를 침공했다. 이 사건이 세계 경제에 시사하는 바는 무엇일까? 우크라이나 전쟁 이전에도 세계 경제에 인플레이션 압력과 경기 둔화 조짐이 있었다.

그런데 러시아가 우크라이나를 침공한 이후 국제유가를 포함한 원자재 가격이 급등했다. 국제유가가 배럴당 100달러를 넘어섰고, 각종 원자재 가격도 급등했다. 특히 밀 가격은 거의 2배 폭등했다. 2020년 기준으로 밀의 세계 수출에서 이들 두 나라가 차지하는 비중 30%로 높기 때문이다.

원자재 가격 상승은 거시경제 측면에서 총공급 곡선을 좌측으로 이동시킨다. 이 경우 경제성장률은 낮아지고 물가는 오르면서 스태그플레이션 현상이 나타나게 된다. 이미 세계 경제에 그 조짐이 내재한 상태에서 우크라이나 전쟁에 따른 원자재 가격 상승은 스태그플레이션을 가속화할 수 있다.

실제로 경제협력개발기구OECD 분석에 따르면 러시아의 우크라이나 침공 이후 2주 동안의 주요 원자재와 환율의 변화가 1년 후 세계 GDP를 당초 전망보다 1.08% 낮출 것으로 전망되었다. 특히 유로 지역의 GDP가 1.4% 감소하면서 가장 큰 영향을 받을 것으로 추정되었다.

한편 우크라이나 전쟁으로 전 세계 물가상승율이 당

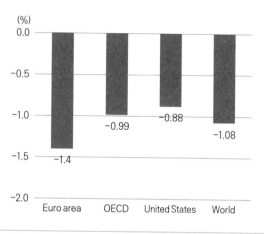

러시아 우크라이나 침공 GDP 영향

자료: OECD

초 예상보다 2.47%나 더 오를 것으로 전망하면서 인플레이션 문제를 심각하게 평가했다. 각국 중앙은행의 고민은 더 커질 수밖에 없는 상황이다. 스태그플레이션 상황에서는 통화정책이 물가와 경기 중 하나를 선택해야 하기 때문이다. 중앙은행의 가장 중요한 목표가 물가안정이기 때문에 금리인상 속도가 더 빨라질 수 있다.

: 한국의 물가상승률도 심각하다

2022년 3월 우리 소비자물가가 전년동월에 비해 4.1% 상승하면서 10년 3개월 만에 최고치를 기록했다. 물가상승률이 높은 수준을 유지하는 가운데 경기마저 둔화할 조짐이 나타나고 있다. 통화와 재정 정책의 최적 조합과 사회적 대타협이 요구되는 시기다.

2021년 하반기 이후 물가가 가파르게 오르고 있다. 수요 측면에서 경기 회복으로 실제 GDP가 잠재 GDP에 접근하면서 물가 상승요인으로 작용했다. 또한 2021년 광의통화(M2) 증가율이 11.7%로 명목 GDP 성장률(6.4%)을 크게 웃도는 등 과잉 유동성이 물가상승을 초래했다. 그러나 인플레이션을 일으키고 있는 보다 근본적 원인은 생산 요소 가격 상승에 있다. 코로나19 이후 글로벌 공급망에 문제가 발생했다. 기업이 생산에 필요한 원자재와 중간재를 적기에 조달하지 못하고 있다. 특히 러시아의 우크라이나 침공에 따른 국제 유가 등 원자재 가격 급등은 인플레이션율을 더 높이고 있다.

여기에다 경제성장이 둔화하는 조짐이 나타나고 있다. 경기를 예측하는 데 유용한 지표로 사용되고 있는 통계청의 선행지수순환변동치가 2021년 6월을 정점으로 하락 추세에 접어들었다. 물가상승에 따른 실질소득 감소는 갈수록 소비를 위축시킬 것이다. 최근 OECD는 우크라이나 전쟁으로 내년 세계 GDP가 당초 예상보다 1.1% 정도 감소할 것으로 내다보았다. OECD뿐만 아니라 주요 예측 기관도 올해와 내년 경제성장률 전망치를 하향 조정하고 있다. 우리 경제성장을 주도하고 있는 수출이 줄어들 것이라는 이야기다.

물가는 오르는데 경기가 둔화하고 있는 상황에서 정책 대응으로는 한계가 있을 수밖에 없다. 중앙은행이 원유나 반도체 생산을 늘릴 수 없는 일이기 때문이다. 한국은행은 금리 인상으로 수요 측면에서 물가상승을 억제해야 한다. 따라서 금리 인상을 포함해 물가를 잡겠다는 강력한 신호를 내보내야 할 것이다.

금리를 올리면 시차를 두고 소비와 투자가 위축되면서 경제성장률이 더 떨어질 것이다. 주가와 집값 등 자산 가격도 하락할 수 있다. 경기둔화 속도가 가속화할 수 있다는 것이다. 금리 상승과 경기둔화로 일부 부채가 많은 기업이 파산할 수 있다. 소득의 40% 정도를 원리금 상환에 쓰고 있는 가계의 부담이 더 늘 것이다. 급격한 경기둔화를 막기 위해서 재정정책은 어느 정도 팽창적으로 운용할 수밖에 없다는 이야기다. 물론 이는 지출 구조의 합리화라는 전제하에서다. 금리 인상 등 통화정책은 모든 경제 주체에 영향을 준다. 그러나 재정정책은 꼭 필요한 곳에 지출하면서 물가상승 압력을 피할 수 있는 미시적 정책으로 활용할 수 있다.

인플레이션 시기에는 소득정책도 일부 도입할 필요가 있다. 이는 정부가 각 경제 주체에게 물가 및 임금 상승률에 대해 일정한 가이드라인을 제시하여 인플레이션을 억제하려는 정책이다. 보다 구체적으로 임금상승률의 상한선을 제시하고 공공성이 강한 상품에 대해서는 가격을 통제하는 것이다.

그러기 위해서는 사회적 합의가 필요하다. 지난 대통령 선거에서 보았던 것처럼 국민들 사이에 가치의 격차가 크게 벌어졌다. 차기 정부는 이 격차를 줄여야 한다. 이른바 사회적 대통합을 이끌어내야 하는 것이다. 그렇게 되면 각 분야에서 생산성이 향상되면서 우리 경제의 잠재 성장능력이 높아지고 물가 상승압력도 내재화할 수 있다. 사회적 대통합과 물가안정이 차기 정부가 직면한 가장 중요한 과제일 것이다.

2부

글로벌 환율 전쟁과 투자 찬스

2021년에 인도와 베트남 주가가 많이 오른 데는 미중 패권 전쟁의 영향이 있다. 미중 패권 전쟁이 쉽게 끝나지는 않을 것인데, 그러는 동안 상대적으로 이익을 볼 나라가 바로 인도와 베트남 같은 나라다.

05 / 누구도 피해갈 수 없는 환율 전쟁

: 환율 전쟁은 왜 일어나는가?

코로나 팬데믹으로 인한 위기를 이겨내기 위해 각국의 정부는 과감한 재정정책과 통화정책을 통해 내수를 부양했지만, 그럼에도 경제가 아직 완전히 회복되지 못했다. 이제 마지막으로 남은 수단은 바로 수출을 늘리는 것이다.

수출을 늘리기 위해서는 어떻게 해야 할까? 양적완화

를 통해 자국의 통화가치를 떨어뜨려야 한다. 한 나라가 통화가치를 떨어뜨리면 다른 나라의 통화가치는 상대적으로 높아지므로 각국은 경쟁적으로 돈을 풀어 통화가치를 떨어뜨리려고 하게 된다. 이것이 바로 환율 전쟁의 본질이다.

환율 전쟁을 시작한 나라는 미국이다. 2008년 미국에서 금융위기가 발생하자 연방기금금리를 5.25%에서 0%로 인하한 후 2013년 9월까지 3차례 양적완화를 했고, 그 결과 달러 가치가 떨어졌다.

그러자 상대적으로 엔화 가치가 많이 올랐다. 123엔이던 엔 달러 환율이 2011년 7월에는 77엔으로까지 떨어졌다. 안 그래도 일본은 디플레이션 압력이 큰 상태였는데, 엔 가치가 그렇게 오르니 수출경쟁력이 저하되고 물가가 떨어지면서 디플레이션 압력이 더욱 심화했다. 그래서 일본이 취한 조치가 바로 '아베노믹스'다. 아베노믹스의 핵심은 소비자물가상승률이 2%에 이를 때까지 대규모 양적완화를 단행해 엔화 가치를 떨어뜨린다는 것이었다. 이것이 2012년부터 일본이 통화 공급을 과감히 늘려온 이유다.

미국에서 시작한 환율 전쟁이 일본으로 퍼지는 동안에도 유럽은 움직이지 않았다. 유럽 중앙은행은 2014년까지 환율 전쟁에 뛰어들지 않았는데, 그 이유는 독일인의 '인플레이션 트라우마' 때문이다.

독일은 1921년부터 1923년까지 하이퍼인플레이션hyper inflation을 겪었다. 하이퍼인플레이션이란 물가가 통제할 수 없을 만큼 상승하는 것을 말한다. 1918년까지만 해도 50페니히(1마르크=100페니히)로 살 수 있었던 빵 한 덩이의 가격이 1923년에는 천억 마르크였으니, 어디 상상이나 가는가!

그럼 왜 이런 일이 발생했을까? 독일은 1차 세계대전을 준비하면서 엄청난 돈을 풀었고, 그래서 수요는 늘었는데 전쟁을 하는 동안 공장이 많이 파괴되어 공급 능력은 떨어졌다. 그 결과 물가가 기하급수적으로 오른 것이다.

당시 독일의 상황에 대한 다양한 일화가 있다. 리어카에 돈을 가득 실어놨는데 사람들이 돈은 안 가져가고 리어카만 가져가더라, 일부 주부들은 돈을 태워서 밥을 지었다, 아이들은 돈더미를 가져다가 장난감 쌓기 놀이를 했다, 기업은 월급이 아니라 일급을 주었다 등등. 이처럼 극심한 인플레이션을 경험했기에 독일은 물가가 오르는 문제에 있어서 매우 민감하다.

하지만 미국과 일본이 양적완화를 하는 상황에서 유럽 중앙은행만 가만히 있으면 상대적으로 유로의 가치가 올라가면서 수출경쟁력이 떨어진다.

디플레이션의 압력에서 탈피하기 위해 어쩔 수 없이 2015년 3월부터 유럽 중앙은행도 큰 폭의 양적완화를 시작했다.

그 후 경제가 회복되면서 환율 전쟁도 조금 진정되는 듯했는데 코로나19가 발생하고 말았다. 그러자 다시 미국이 2020년 3월에서 5월에 3조 달러를 풀었고 일본도 양적완화를 단행했다. 그리고 이번에는 유럽 중앙은행도 적극적으로 양적완화를 하고 있다.

경제학자 밀턴 프리드먼Milton Friedman은 '인플레이션이란 언제 어디서나 통화적 현상'이라고 했다. 돈을 많이 풀면 언젠가는 물가가 오른다는 뜻이다. 각국의 양적완화도 이제 물가 상승 요인으로 작용하고 있다.

: 환율 전쟁에 뛰어든 중국

세계 각국의 환율 전쟁을 지켜보고 있던 중국도 2015년 하반기 이후 환율 전쟁에 뛰어들었다. 그동안 중국이 추구했던 건 무역 제조 강국이었다. 이 목표를 달성한 다음에 중국은 기술 강국, 금융 강국, 더 나아가서는 군사 강국을 꿈꾸고 있다. 현재 기술 강국, 금융 강국은 어디인가? 바로 미국이다. 그런데 중국이 미국의 자리를 노리고 있으니, 중국이 더 이상 커지는 것을 막기 위해 미국은 중국을 견제하고 있다. 그래서 시작된 것이 미중 패권 전쟁이다.

하버드대 그레이엄 앨리슨 교수가 쓴 『예정된 전쟁』이라는 책에 미중 패권 전쟁의 본질이 잘 설명되어 있다. 부제는 '미중이 투키디데스 함정에서 벗어날 수 있을 것인가?'인데, 엘리슨 교수가 지난 500년의 역사를 분석해 보니 신흥국이 커지면서 기존의 강대국을 위협한 16번의 사례 중 12번 전쟁이 일어났다고 한다.

그러면서 엘리슨 교수는 비관적인 시나리오를 소개한다. 트럼프 때 무역전쟁을 벌여 미국이 대중 수입 상품에 대해 관세를 올렸던 것을 기억할 것이다. 그러자 중국도 미국에 대한 관세를 올렸다. 엘리슨의 시나리오에 따르면 미국이 관세를 더 세게 올리면 중국이 가지고 있던 미국 국채를 팔아버릴 것이고, 그러면 미국 금융시장 혼란에 빠질 것이다.

그러면 단기적으로 달러 가치가 폭락하고 미 국채수익률이 급등하며 자산 가격도 급락한다. 이에 따라 미국이 대중 수입을 직접 규제하고, 중국은 미국 금융회사에 사이버 공격을 한다. 미국은 다시 드론 등을 통해 상하이에 군사 공격을 단행하고 중국은 워싱턴에 군사 공격을 한다.

이렇게 해서 결국 무력 전쟁까지 갈 수 있다는 시나리오다. 이런 비극적인 사태를 막기 위해 미국과 중국이 어떻게 대처해야 하는가를 이 책은 제안하고 있다.

이 책의 시나리오는 분명 매우 비관적이지만 전혀 허황된 것도 아니다. 실제로 2008년 미국이 글로벌 금융위기에 빠졌을 때 정부가 국채를 발행했고, 중국이 대미 수출로 벌어들인 돈으로 미 국채를 사들였다. 이것이 미국의 금리 하락에 기여했다. '중국만이 자본주의를 구제한다'는 이야기가 나온 것이 이 때문이다.

그러나 2014년부터 중국이 미 국채 보유를 축소하기 시작했다. 2013년 말 1조 2,700억 달러에서 2021년 말에는 1조 687억 달러로 줄여서, 미 국채 외국인 보유 가운데 중국 비중은 2010년 26.1%에서 2021년 13.8%로 하락했다.

그렇다면 엘리슨 교수의 시나리오처럼 중국이 정말 미국 국채를 팔 것인가? 중국은 아마 미국 국채를 팔았을 때 중국이 이익인가, 미국이 이익인가를 재고 있을 것이다.

: 기축통화를 꿈꾸는 위안화

중국은 장기적으로 위안화 국제화를 포함한 금융 강국을 추구한다. 현재의 기축통화는 미국 달러인데, 달러가 본격적으로 기축통화가 된 것은 1974년이다. 당시 사우디가 전 세계에 원유를 수출하면서 달러로 결제를 받은 게 시작이다. 기축통화가 되면 뭐가 좋을까? 무역을 할 때 환전할 필요가 없어서 편리하고 환율 변동으로 인한 손실을 걱정할 필요가 없다. 세계가 기축통화를 사용하므로 외환위기를 걱정할 필요가 없고 투자를 받는 데도 유리하다.

100달러 지폐 한 장을 찍어내는 데 비용이 20~40센트밖에 안 든다. 중국이 보기에는 미국이 적은 비용으로 지폐를 찍어내서 그것으로 중국이 생산한 옷과 신발을 살 뿐만 아니라 무기를 생산하면서 세계 경찰 노릇을 하는 것이다. 그렇기 때문에 중국은 위완화를 기축통화로 만들려는 야심을 숨기지 않는다.

위안화가 기축통화가 될 수 있을까? 기축통화로 인정

받으려면 3가지 조건을 갖추어야 한다. 우선 환율이 급등하거나 하락하지 않는 안정성이 있어야 한다. 둘째, 모든 거래에서 많이 사용되어야 한다. 셋째, 세계 경제를 선도할 수 있는 경제력과 선진화된 금융시장을 갖추고 있어야 한다.

현재 세계 무역과 금융에서 거래되는 70% 이상이 달러이고 중국 위안화는 2% 안팎이다. 중국은 그동안 미국으로 수출하면서 엄청난 달러를 벌어들였기에 원유나 원자재를 수입할 때도 달러를 사용했다. 그런데 중국의 무역수지 흑자가 계속 줄어들고 있으니 이제는 원자재를 수입하면서 달러가 아니라 위안화를 주겠다고 나오고 있다. 위완화 거래를 늘림으로써 기축통화에 다가가고자 하는 것이다. 중국의 도전과 미국의 견제가 계속되는 모양새다.

앞의 질문으로 돌아가보자. 중국이 미 국채를 파는 것은 중국에게 이익일까, 손해일까? 덩샤오핑이 시장을 개방하면서 이런 이야기를 했다.

"창문을 열면 신선한 공기가 많이 들어오지만 파리도

들어온다."

어떤 의사결정을 하고 행동을 했을 때, 긍정적인 효과도 있지만 부정적인 효과도 있을 수 있다는 뜻이다. 결국 긍정적인 효과가 부정적인 효과보다 더 크다고 판단됐을 때 행동에 옮기는 것 아니겠는가.

중국이 미 국채를 판다면 미국과 중국 모두에게 손해일 뿐 아니라 세계 경제에 엄청난 충격을 줄 것이다. 중국이 미국 국채를 팔면 일본도 팔고 러시아도 팔고 우리나라 중앙은행도 손해를 덜 보기 위해서 같이 팔 수밖에 없기 때문이다. 그 결과 미 달러 가치가 급락하고 미국 금리가 일시적으로 상승하며 자산 가격이 폭락할 것이다.

그러면 결국 중국도 손해를 보게 된다. 중국이 가지고 있는 1조 687억 달러어치의 미국 국채 가격이 폭락할 것이기 때문이다. 이런 관점에서 보면 중국이 미국 국채를 쉽게 팔지는 못할 것이다.

하지만 달러의 기축통화 지위를 악화시키고 위안화 통화를 기축통화로 만드는 데 도움이 된다면, 즉 미 국채를 매각했을 때 손실보다 이익이 더 크다고 판단한다면 중국이 어떻게 나올지는 모를 일이다. 비관적이긴 하지만 이런 시나리오도 상상해보고 그런 상황이 발생했을 때 우리나라는 어떻게 대응할 것인가 하는 준비도 미리 할 필요가 있다.

06 / 격변의 시기, 환율 전망

: 달러 가치는 장기적으로 하락한다

장기적으로 달러 가치는 어떻게 될 것인가? 많은 사람이 궁금해하는 점이다.

역사적으로 달러 가치가 큰 폭으로 하락한 일이 두 번 있었다. 1985년 9월 플라자 합의를 통해 인위적으로 미국이 달러 가치 하락을 유도해서 달러 가치가 큰 폭으로 하락했다. 플라자 합의 전후인 1985년 2월에서 1992년

8월 사이에 달러 가치가 주요 선진국 통화에 비해 51%나 떨어졌다. 그다음 2000년에 미국에서 IT 거품이 꺼지면서 달러 가치가 폭락했다. 2001년에 미국 GDP가 세계에서 차지하는 비중이 31.4%였는데, IT 거품 붕괴 이후 미국 경제성장률이 상대적으로 낮아지면서 2011년에는 21.2%까지 떨어졌다. 그 사이인 2000년 2월에서 2008년 3월까지 달러 가치는 40% 하락했다.

그 후 코로나 팬데믹으로 인해 하락했던 달러 가치는 2021년 6월부터 약간 반등했다. 2022년 3월에도 러시아의 우크라이나 침공으로 달러 가치가 오르고 있다. 그렇지만 장기적으로 보면 3차 하락 국면이 진행 과정에 있는 것으로 보인다.

IMF 장기전망에 따르면 세계 GDP에서 미국이 차지하는 비중이 2021년 24.2%에서 2026년에는 22.8%로 떨어질 것이라고 한다. 미국 비중이 축소된다는 건 달러 가치가 하락한다는 뜻이다. 물론 하락 과정에서 일시적인 반등은 있을 수 있다. 등산을 하다 보면 내려오는 길에 작은 언덕도 나오곤 하지 않는가. 지금이 그런 작은

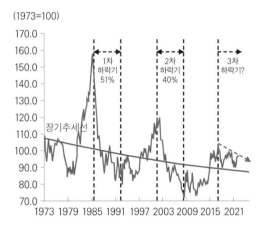

미국 달러 가치 장기적 하락 추세

(1973=100)

1차
하락기
51%

2차
하락기
40%

3차
하락기?

장기추세선

1973 1979 1985 1991 1997 2003 2009 2015 2021

주: Trade Weighted U.S. Dollar Index: Major Currencies
자료: Bloomberg

언덕으로 보인다.

　미국의 세계 GDP 축소 이외에도 달러 가치 하락을 초래할 몇 가지 이유가 더 있는데, 가장 중요한 요인은 미국의 대외 불균형 확대다. 미국의 가장 큰 문제는 미국 사람들이 소비를 너무 많이 하고 있다는 것이다. 우리나라와 일본 그리고 중국은 저축이 투자보다 많기 때문에 경상수지가 흑자다. 국민소득을 결정하는 식에서 재정이 균형 상태를 유지한다고 가정하면, '저축 − 투자'는 곧 '수출 − 수입'이다.

우리나라, 중국, 일본은 저축이 투자보다 많으니까 수출이 수입보다 많아서 무역수지와 경상수지가 흑자인 것이다. 반면 미국은 저축이 투자보다 적으니까 수출보다 수입이 많다. 그래서 무역수지나 경상수지가 지속적으로 적자를 내고 있다. 2021년에도 미국의 무역수지 적자가 8,591억 달러로 사상 최고치를 기록했다. 그 이전의 3년 평균(5,827억 달러)보다 적자가 47.5%나 늘어난 것이다. 경상수지도 계속 적자를 기록하고 있어, 최근 20년 동안의 누적 적자가 11조 달러를 넘어서고 있다.

이에 따라 대외부채가 급증하고 있다. 2021년 미국의 대외순부채는 18.1조 달러로 이르렀다. GDP 대비로도 순부채가 2000년 15.0%에서 2021년에 78.7%로 크게 증가했다. 여기다가 연방정부 부채도 같은 기간에 GDP 대비 54.9%에서 128.8%로 증가했다. 미국 경제의 대내외 불균형이 심화하고 있는 것이다.

이렇게 많은 부채를 안고서도 미국이 견딜 수 있는 건 달러가 기축통화이기 때문이다. 그리고 외국인들이 미국 주식과 채권을 사주었기 때문이다. 2021년에 미국의 포트폴리오 순투자가 마이너스 12.2조 달러에 이르고 있다. 앞서 중국이 미국에서 돈 벌어서 미 국채를 샀다고 했다. 우리나라도 매년 대미 무역 흑자가 200억 달러 안팎인데 그렇게 벌어들인 달러로 미국 채권을 사고 미국 기업의 주식에 투자한다. 이 덕분에 미국이 버티고 있는 것이다.

2011년 8월에 국제신용평가회사인 스탠더드 앤드 푸어스가 미국의 국가 신용등급을 한 단계 강등한 적이 있었다. 당시 GDP 대비 순대외부채와 정부부채가 각각 28.6%와 94.6%로 지금보다 훨씬 낮았다. 지금은 부채가 그때보다 훨씬 더 많이 늘었으니 다른 신용평가회사들이 미국의 신용등급을 언제 내려도 문제가 없어 보인다.

미국의 신용등급이 하락하면 외국인들도 미국에 투자하는 자금을 줄일 것이다. 여기다가 주식시장의 거품이 꺼지면 그런 현상은 더 심화할 것이며, 달러 가치가 급락할 가능성도 배제할 수 없다. 각국의 중앙은행도 달러 비중을 줄이고 있다. 중앙은행 외환보유액 비중을 보면 2000년에 달러 비중이 71.1%였는데 2021년에 3분기에는 59.2%로 낮아졌다.

세계 최대 헤지펀드인 브리지워터소시에이츠의 레이 달리오 최고경영자CEO는 저서 『지난 500년에 걸친 빅 사이클The Big Cycles Over The Last 500 Years』에서 지난 500년간의 제국의 흥망성쇠를 분석해놓았다.

1500년대에는 중국이 세계 패권국가였고, 이후 스페인와 네덜란드가 강해졌다가 영국이 강대국이 되었지만 제2차 세계대전 이후 사그라들었다. 그사이에 일본과 러시아가 좀 커지다가 미국한테 견제를 당했다. 이제는 중국이 커지고 있다.

달리오는 중국이 미국을 추월하는 걸 막을 방법은 전쟁밖에 없다는 비관적인 관점을 보인다. 그는 미국 경제에 대해서는 나보다 더 비관적으로 보고 있다. 미국은 장기적으로 비중이 축소되는 국가라는 것이다. 다소 극단적으로 보일 수 있으나, 이것도 하나의 견해로 참고하고 관심 있게 지켜보면서 대응했으면 한다.

달러 가치가 하락하면 상대적으로 다른 통화 가치는 오를 것이다. 그중에 각국의 외환보유액 비중 가운데 21%를 차지하고 있는 유로 가치가 상승할 전망이다. 2022년 4월 1일 기준 블룸버그 컨센서스에 따르면 달러/유로 환율이 2022년 말 1.14달러, 2023년 말 1.17달러, 2024년 말 1.19달러로 점진적으로 오를 것으로 전망된다.

ː 중장기적으로 원화 가치는 오를 것

우리나라의 환율은 어떨까? 2022년 2월 이후 러시아의 우크라이나 침공으로 안전자산으로 여겨지는 달러 가치가 오르고 원화 가치는 하락하고 있다. 그러나 원/달러 환율을 결정하는 요인을 고려하면 중장기적으로 원화 가치가 상승할 가능성이 크다.

원/달러 환율에 영향을 주는 거시경제변수는 미국 달

러, 중국 위안, 한미 금리 차이, 경상수지 등이다. 하나씩 살펴보자.

첫째, 2022년 들어 달러 가치가 오르면서 원 가치가 떨어졌다. 당분간 글로벌 금융시장 불안으로 달러 가치가 더 오를 수 있다. 그러나 앞서 본 것처럼 미국의 대외 불균형이 심화하고 있기 때문에 달러 가치가 중장기적으로 하락할 가능성이 크다. 이 경우 원화 가치는 상대적으로 오를 것이다.

둘째, 중국 위안과 원의 관계다. 2010년 이후로 원/달러 환율은 위안/달러 환율과 거의 같은 방향으로 움직이고 있다. 한국 수출 가운데 중국 비중이 25%에 이를 만큼 한국 경제의 중국 의존도가 커졌기 때문이다. 국제결제은행도 원화의 실질실효환율을 계산할 때 중국 비중을 33%로 미국(14%)보다 훨씬 높게 두고 있다. 중국의 위안 가치가 상승하고 있는데도 원화 가치가 하락한 것은 일시적 현상일 가능성이 크다. 중장기적으로 중국이 수출보다는 소비 중심으로 성장할 것이기 때문에 위안 가치는 더 오르고, 이는 원화 가치 상승 요인으로 작용할 전망이다.

셋째, 한국과 미국의 금리 차이다. 돈이라는 건 눈이 있어서 수익률이 높은 데로 이동한다. 한국의 명목금리가 미국보다 높다. 더욱이 원/달러 환율에 영향을 주는 실질금리는 한국이 미국보다 훨씬 더 높은 수준을 유지하고 있다. 10년 만기 국채수익률에서 소비자물가상승률을 뺀 것을 실질금리라고 하면, 2021년 3월 한국의 실질금리가 -1.4%로 미국(-6.2%)보다 4.8% 포인트나 높았다. 앞으로도 상당 기간 미국의 물가상승률이 고공 행진을 할 것이기 때문에 한국의 실질금리가 미국을 웃돌 것이다.

넷째, 한국의 경상수지도 흑자를 기록하고 있다. 2021년 한국의 경상수지 흑자가 GDP의 4.9%(883억 달러)로 높은 수준을 유지하고 있다. 미 재무부는 매년 4월과 10월에 「주요 교역상대국의 거시경제·환율정책 보고서」를 작성하는데, 여기서 교역상대국의 경상수지 흑자가 2%를 넘으면 환율조작국 대상으로 지정할 수 있게 했다. 우리나라의 경상수지 흑자는 이 기준을 초과하고 있다.

이런 원/달러 환율의 결정 요인을 고려하면 중장기적으로 원화 가치가 오를 것으로 내다보인다. 실제로 블룸버그 컨센서스(2022년 4월 1일 기준)에 따르면 원/달러 환율은 2022년 말 1,185원, 2023년 말 1,155원에 이를 것으로 전망되고 있다.

: 달러가 떨어지면 금은 오른다

러시아의 우크라이나 침공으로 글로벌 금융시장이 불안해지는 가운데 금값이 급등하고 있다. 그러나 금값을 결정하는 가장 중요한 요인은 달러 가치, 글로벌 유동성 그리고 물가다. 2000년 이후 통계로 금값을 결정하는 요인으로 회귀분석을 해보니 다음과 같은 식이 도출되었다.

$$Log(금값) = 0.44 - 0.97 \times Log(미\ 달러지수)$$

$$+ 1.31 \times \text{Log(세계M2/GDP)}$$

$$+ 1.01 \times \text{Log(세계 CPI)}$$

달러 가치가 1% 떨어지면 금값은 1% 오른다. 유동성이 커진 것도 금값 상승의 원인이다. 세계 물가가 1% 오르면 금값도 1% 오른다. 앞서 미국 달러 가치가 장기적으로 떨어질 것으로 전망했으므로 금값은 오를 것으로 보인다. 따라서 일부 자산을 금에 투자하는 것은 추천할 만하다.

그런데 금에 투자할 때는 한 가지 주의해야 할 것이 있다. 워런 버핏이 이런 말을 했다.

"금은 알을 낳지 않는 암탉이다."

채권을 사면 이자가 나오고 주식을 사면 배당이 나오지만 금에 투자하면 이자도 배당도 없다. 금에 투자할 때는 이 사실을 명심해야 한다. 금의 전망이 좋다고 과도하게 투자하기보다는 전체 자산의 10% 이내로 투자하는 것이 적절하다고 본다.

참고로 2000~2021년 통계로 보면 금값의 월평균 상

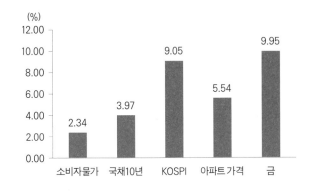

주요 자산 가격 월평균 상승률 비교(2000~2021)

(%)

- 소비자물가 2.34
- 국채10년 3.97
- KOSPI 9.05
- 아파트 가격 5.54
- 금 9.95

자료: 통계청, 한국거래소, 국민은행

승률이 9.95%로 가장 높게 나타났다. 그다음으로 코스피(9.05%), 아파트 가격(5.54%), 국채10년(3.97%) 순서로 수익률이 높았다. 주식은 배당을 포함하지 않았다. 이를 고려하면 주식 수익률이 제일 높은 것으로 추정된다. 또한 모든 자산 가격이 소비자물가(2.34%)보다 더 오른 것으로 분석되었다.

07 / 기회는 아시아에 있다

: 금융 강국을 꿈꾸는 중국

1부에서 설명했듯, 우리나라가 1980년대 3저 호황으로 경제가 좋았을 때 기업들이 미래를 낙관적으로 보고 투자를 굉장히 많이 했다. 그런데 1990년대에 들어와서 수요가 부족해지자 과잉 투자했던 기업이 부실해지고 은행이 부실해지면서 1997년 외환위기가 왔다. 다시 말해 외환위기는 부실한 기업과 은행을 처리하는 과정이었다. 뼈아픈 구조조정으로 30대 재벌 중 11개가 해체됐고 은행 14개가 사라졌다. 기업이 없어지니까 투자가 줄어들고 많은 근로자가 해고당하면서 소비가 위축되었다. 그 결과 경제성장률이 크게 떨어졌다. 하지만 장기적으로 봤을 때는 구조조정으로 인해 안정적인 성장 국면으로 들어섰다고 볼 수 있다.

지금의 중국도 안정성장으로 들어가는 단계로 보인다. 고성장 때는 돈이 실물로 가지만 안정성장으로 넘어가면 돈이 금융시장으로 몰릴 것이다. 바로 이 지점에 중국의 금융시장이 한 단계 더 도약할 기회가 있다.

앞서 중국이 위안화 국제화를 포함해 금융 강국을 추구한다고 했다. 그 일환으로 중국은 이미 2019년에 은행업을 외국인에게 개방했고, 2020년에는 계획보다 더 빨리 증권사의 외자 지분 비율 제한까지 완전 철폐했다.

이에 따라 JP모건, 골드만삭스, 모건스탠리, UBS, 노무라증권 등을 비롯해 세계 최대 규모의 자산운용사인 블랙록도 중국 금융업에 진출했다. 특히 JP모건은 2021년 100% 자회사를 중국에 만들었다. 왜 이런 금융회사들

중국의 금융산업 개방		
2019년	- 은행업, 신용평가사 외자지분 제한 완전폐지(외자지분율 51%에서 100%로) - 글로벌 주식/채권지수 편입(MSCI 지수 등)
2020년	- 생명보험사, 펀드운용사 외자지분 제한 완전 폐지 - 증권사 외자지분 제한 완전 폐지(2020년 12월로 계획했으나 4월로 앞당겨 실시)

이 중국에 들어가겠는가? 돈이 보이기 때문이다. 이 시기를 우리도 놓치지 말아야 한다.

그러나 중국 기업의 주식에 투자하는 것에는 주의가 필요하다. 중국은 하이브리드 자본주의Hybrid capitalism이라고 불릴 정도로 정부가 시장 개입을 많이 하기 때문이다. 중국의 내수 1등주에 투자하는 것은 괜찮은 선택이다. 다만 개별 기업보다는 이런 기업들이 포함된 펀드나 ETF 등에 간접적으로 투자하는 걸 추천한다.

또한 중국시장에 투자하되 분야를 조금 더 좁히는 게 좋다. 대표적으로 투자할 만한 분야로 중국 전기차 시장이 있다. 전 세계가 탄소 제로 시대를 추구하고 있다. 일산화탄소를 주로 생산하는 게 바로 자동차이기 때문에

중국의 내수 1등주		
업종	기업 로고	기업 소개
백주 1위	(로고)	• 중국 백주 1위 제조업체
유제품 1위	伊利	• 중국 1위 유제품 제조업체
면세점 1위	CITS	• 중국 1등 면세점 기업
교육 1위	新东方 XDF-CH	• 중국 1등 교육업체
가전 1위	Haier	• 중국 프리미엄 가전 1위
CCTV 1위	HIKVISION	• 글로벌 1등 CCTV 제조업체
증권 1위	中信证券 CITIC SECURITIES	• 중국 시장점유율 1위 증권사
전자상거래 1위	Alibaba Group JD.COM	• 알리바바, 중국 전자상거래 1위 • 징동, 중국의 아마존
게임/SNS 1위	Tencent 腾讯	• 중국 온라인게임, SNS 1인자
검색엔진 1위	Bai 百度	• 검색엔젠, 인공지능 1등 기업
보험 1위	中国平安 PINGAN PICC	• 인민재산보험, 손보 1등 기업 • 평안보험, 1등 종합 보험사
자동차 1위	SAIC MOTOR BYD	• 상해차, 자동차 점유율 1위 • BYD, 중국 전기차 1위
헬스케어 1위	FOSUN 复星	• 항서제약, 중국 항암제 1위 • 복성제약, 종합 헬스케어 1위
부동산 1위	vanke	• 중국 최대 부동산 개발업체

자료: 중국 CICC 증권, 각 사 공식 홈페이지, 하나금융투자

일산화탄소를 줄이려면 전기차로 전환해야 한다. 그런데 전기차가 가장 빨리 늘어난 시장이 중국이다.

나는 몇 년 전부터 중국에 전기차 ETF를 사는 걸 계속 추천해왔는데 내가 처음 추천했을 때보다 이미 85% 정도 올랐다. 지나치게 많이 올랐기에 조정을 거칠 것으로 보이므로 아직 늦지 않았다고 생각한다. 앞으로 5년, 10년을 내다보면 이것은 꺾이지 않을 추세이기 때문이다. 조정을 받을 때 매달 조금씩 분할해서 매수하는 방식을 권한다.

그동안 우리나라는 중국에 투자해서 우리 상품을 만들고, 그것으로 무역을 해 돈을 벌었다. 그러나 이제 웬만한 상품은 중국도 꽤 비슷한 질로 우리보다 더 싸게 생산한다. 비록 질은 좀 떨어지더라도 중국이 반도체까지 생산할 날도 올 것이다.

이렇다 보니 우리나라가 중국에서 무역으로 돈을 벌기는 갈수록 힘들어질 것이다. 그러므로 앞서 언급한 세계적인 금융회사들처럼 중국 금융업에 진출하는 것이 우리의 미래 먹거리가 될 것이다.

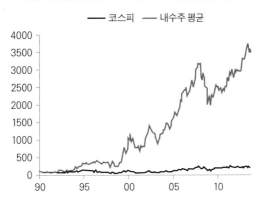

한국 주식시장의 사례

1990~2013년 KOSPI와 주요 내수소비 1등주 평균주가추이

— 코스피   — 내수주 평균

자료: Datastream, 하나금융투자

1990~2017년 주요 내수소비 1등주 평균 수익률		
순위	기업명	수익률(%)
1	삼성화재	8,423
2	SK텔레콤	7,413
3	오리온	6,831
4	롯데제과	5,722
5	롯데칠성	5,672

자료: Bloomberg, 하나금융투자

우리나라는 1997년 외환위기와 구조조정 후 안정성장 국면에 들어서면서 주가지수가 한 단계 도약했다. 특히 위의 그림에서 볼 수 있는 것처럼 내수 우량주가 큰 폭으로 상승했다. 중국도 이 단계에 서서히 접어들고 있는 것처럼 보인다.

물론 구조조정 속도에는 차이가 있다. 우리는 국제통화기금IMF의 처방에 따라 짧은 기간에 구조조정을 한 반면 중국은 스스로 구조조정을 하고 있기 때문에 속도가 느릴 수밖에 없다. 하지만 중국 경제의 성장 구조가 투자에서 소비 중심으로 바뀌고 있는 것은 거스를 수 없는 추세다. 중국의 내수 1등 우량주에 관심을 가져야 하는 이유가 여기에 있다.

: 인도와 베트남에 주목해야 하는 이유

2021년에 인도와 베트남 주가가 많이 오른 데는 미중 패권 전쟁의 영향이 있다. 미중 패권 전쟁이 쉽게 끝나지는 않을 것인데, 그러는 동안 상대적으로 이익을 볼 나라가 바로 인도와 베트남 같은 나라다. 그동안 전 세계 많은 투자자가 중국에 투자해왔지만 이제 중국의 임금도 많이 오른 데다 미중 패권 전쟁의 여파로 중국에 투자를 덜할 것이다. 그렇게 되면 중국이 맡아왔던 '세계 생산자' 역할을 인도가 일부 맡을 수 있을 것이다.

물론 인도가 지금 당장 중국의 제조업을 대체할 수는 없다. 중국과 인도를 다 가봤다면 두 나라의 차이를 느꼈을지 모르겠다. 중국은 공산당이라는 정치적 특성 때문에 정부의 의지대로 어디든 도로를 낼 수 있었고, 이를 바탕으로 물류를 기반으로 한 제조업이 크게 성장했다. 반면 인도는 영국의 지배를 받았기 때문에 영국식 민주주의를 채택하고 있다. 알다시피 민주주의 체제에서는 사회적 합의를 이루어야 하기 때문에 의사결정이 늦을 수밖에 없다.

몇 년 전에 인도의 첸나이 현대자동차 공장을 방문한 적 있는데 공장 앞에 도로 공사를 하다가 중단된 상태였다. 현대자동차 관계자한테 이유를 물어봤더니 주민들이 도로를 못 내도록 소송을 걸었고, 그 소송이 그 해결될 때까지 공사를 못 한다는 것이었다. 이 외에도 여러 이유로 인도는 도로 사정상 물류가 어렵다 보니 제조업보다는 소프트웨어 산업이 발전했다. 하지만 장기적으로는 중국 제조업이 인도 쪽으로 많이 옮겨 갈 수 있으므로 인도에 특별히 관심을 가질 필요가 있다.

베트남도 주목해야 할 나라다. 베트남은 인구 구조도 상당히 젊어서 인도처럼 계속 성장할 수 있는 나라다. 2013년에 호치민에 있는 상공회의소에 강의를 하러 간 적이 있다. 당시 호치민에 우리 기업이 2천 개 이상 진출해 있었다. 당시 베트남 1인당 국민소득이 2,000달러 안팎이었는데, 길가를 달리는 엄청나게 많은 오토바이를 보며 이런 생각을 했었다.

'이들의 소득이 3,000달러가 되면 이 오토바이들 중 일부가 자동차로 바뀌겠구나. 소비가 늘어나고 사회간접자본에도 투자를 많이 하겠구나.'

왜 그렇게 많은 우리 기업이 베트남에 진출했는지 이해가 갔다. 베트남 1인당 국민소득은 2018년부터

3,000달러를 넘어섰다.

베트남은 그만큼 성장 가능성이 크다. 얼마 전에 베트남에서 대표적으로 성공한 기업인 강의를 들은 적이 있다. 그는 오래전에 베트남에서 백화점 사업을 했었다가 완전히 실패한 경험이 있었다. 당시 소득 수준이 백화점 고급 물건을 살 정도가 안 됐기 때문이다. 그래서 고민하다가 인삼주를 팔았다고 했다. 원가 4~5만 원 정도 되는 술을 '한국에서 온 건강주다'라고 광고하면서 20만 원에 팔았더니 잘 팔렸다고 했다. 그다음에는 베트남 주요 도시에 고급 슈퍼마켓을 만들어서 한국 식품을 팔기 시작했단다. 그러면서 '지난 10년 동안 베트남 사람들 입맛을 바꿔놨더니 앞으로 백 년 동안은 먹고살 수 있겠더라'는 이야기를 덧붙였다.

물론 인도나 베트남의 기업에 관해서는 나도 잘 모르고, 아직 우리나라 애널리스트들도 잘 분석하지 못한다. 그러므로 인도나 베트남의 기업에 직접 투자하기보다는 우량 기업들로 구성된 ETF에 투자하는 걸 추천한다. 우리나라 자산운용사에서 이들 나라의 주요 기업들을 모은 ETF를 만들어 거래하고 있다. 다양한 ETF가 나와 있으니 글로벌 경제와 금융시장 흐름만 알면 집에 가만히 앉아서도 얼마든지 투자할 수 있다.

나도 인도와 베트남의 ETF를 가지고 있다. 2021년에 수익률이 굉장히 좋았지만 너무 많이 올랐기 때문에 좀 떨어질 것으로 보고 있다. 그러나 조정이 오면 들어갈 기회가 될 것이다.

: 미래에는 어떤 산업이 뜰 것인가?

전기차 외에 또 다른 신흥 시장으로 헬스케어 산업을 꼽을 수 있다. 코로나19를 거치면서 건강과 보건에 대한 관심이 높아졌기 때문이다. 이는 우리의 미래를 결정할 매우 중요한 추세이기 때문에 내가 2021년에 쓴 책 『그레이트 리셋』의 일부 내용을 인용한다.

세계적인 베스트셀러 『사피엔스』의 저자이자 예루살렘히브리대학 역사학 교수인 유발 하라리는 『호모데우스』에서 인간이 지난 수천 년 동안 스스로에게 던진 질문은 '기아, 역병, 전쟁에서 어떻게 해방될 것인가'라고 말한다. 그런데 21세기에 들어서면서 경이로운 경제성장으로 이런 문제를 상당 부분 해결했다. 그렇다면 앞으로 인류가 추구하는 것은 무엇일까. 유발 하라리는 그것이 '불멸, 행복, 신성'이라고 말한다.

21세기에는 '역사상 처음으로 너무 많이 먹어서 죽는 사람이 못 먹어서 죽는 사람보다 많고, 늙어 죽는 사람이 전염병에 걸려 죽는 사람보다 많고, 자살하는 사람이 군인, 테러범, 범죄자의 손에 죽는 사람보다 많다. 21세기 초를 살아가는 보통 사람들은 가뭄, 에볼라 혹은 알카에다의 공격으로 죽기보다 맥도날드에서 폭식해서 죽을 확률이 훨씬 더 크다'는 것이다.

하라리는 전쟁 위험도 많이 줄었다고 하면서 체호프 법칙도 깨졌다고 말한다. 안톤 체호프는 "연극의 1막에 등장한 총은 3막에서 반드시 발사된다"고 했다. 역사를 보면 왕과 황제들은 새로운 무기를 획득하면 곧바로 그것을 사용하고 싶은 유혹을 느꼈다. 그러나 1945년 이래 인류는 그런 유혹에 저항하는 법을 배웠고, 큰 전쟁 없이 살아왔다.

앞으로 인류가 추구하는 방향 우선 불멸이다. 죽음에 대한 두려움을 훌륭한 작품으로 승화한 우디 앨런 감독은 '은막에서 영원히 살기를 바라느냐'는 질문에 "나는 작품을 통해 불멸을 얻고 싶지 않다. 죽지 않음으로써 불멸을 얻고 싶다"고 대답했다. 불멸에 앞서 인류는 기대수명의 연장을 원하고 있다. 20세기에 기대수명이 40세에서 70세로 두 배 가까이 늘어났으니, 21세기에는 150세까지 연장될 수 있다는 것이다.

불멸과 더불어 인류가 추구하는 것은 '행복'이다. 요즘 정치인들은 물론 경제학자들조차도 GDPGross Domestic Product(국내총생산)를 GDHGross Domestic Happiness(국내총행복)로 보완하거나 대체할 것을 요구하고 있다. 행복은 심리적이고 생물학적인 것이다. 심리적 측면에서 행복은 객관적 조건보다 기대치에 달려 있다. 실제가 기대에 근접할 때 우리는 행복해한다.

또한 생물학적 수준에서 보면, 기대와 행복을 결정하

는 것은 경제적 사회적 정치적 상황이 아니라 우리의 생화학적 조건이다. 우리는 불쾌한 감각에서 벗어나 유쾌한 감각을 느낄 때 행복하다. 앞으로 과학이 인간의 생화학적 기제를 조작하여 불쾌감을 행복감으로 바꾸어 줄 것이다. 현재 약물로 이런 시도를 하고 있지만, 이는 시작에 불과하다. 실험실의 전문가들은 이미 인간의 생화학적 기제를 조작하는 더 정교한 방법들을 시험하고 있다.

인간이 불멸과 행복을 추구하는 것은 신이 되겠다는 뜻이다. 생명공학, 사이보그 공학(인조인간 만들기), 그리고 비유기체 합성을 통해 그것이 가능해질 것이다. 결국 21세기 인류는 '호모 사피엔스'에서 '호모 데우스'로 변할 것이라는 게 유발 하라리의 주장이다.

코로나19는 누구도 예측할 수 없을 정도로 전 세계를 강타하고 있다. 2년 만에 약 4억 5,000만 명이 코로나19에 감염되었고, 600만 명이 사망했다. 코로나19는 하라리가 인류의 미래로 지적한 불멸과 행복을 짓밟아버린 것이다. 그러나 인류는 이를 계기로 불멸과 행복에 더 많은 시간을 투자하면서 진보해갈 것이다. 개인은 건강한 삶에 더 많은 관심을 가질 것이다. 헬스케어 산업이 성장할 수밖에 없는 이유가 여기에 있다.

관련 업종의 주가에 거품이 발생했다가 급격하게 해소되는 과정이 전개되고 있다. 전기차 업종과 더불어 헬스케어 산업의 성장은 시대의 흐름이다. 투자자라면 장기적 안목에서 포트폴리오에 일부를 담아야 한다. 이 역시 종목별 차별화가 심화할 것이기 때문에 관련 펀드나 ETF 등으로 간접투자하는 것이 바람직하다.

3부

저성장 시대의 생존법

저성장, 저금리는 이제 부정할 수 없는 우리의 현실이다. 이것을 인정하고 살아갈 방법을 찾아야 한다. 저성장, 저금리 시대에 우리는 어떻게 대응해야 할지 거시적 측면에서 살펴보고자 한다.

08 / 저성장, 저금리 시대

: 저성장 시대에 접어들다

요즘 어디엘 가나 주가와 집값에 대해 이야기한다. 그만큼 많은 사람이 자산과 투자에 대해 관심을 가지고 있다. 그런데 투자를 잘하려면 거시경제를 알아야 하고, 우리나라 경제가 어떤 흐름을 띠고 있는지 알아야 한다.

우리 경제는 구조적으로 저성장, 저금리 국면에 접어들었다. 왜 이런 일이 발생했는지, 우리 경제를 살펴보고 우리가 어떻게 대응해야 할지, 어떤 식으로 자산 배분을 해야 할지 살펴보겠다.

우선 단기적으로 보면 2020년 하반기 이후 우리나라 경제는 V자형 반등을 보이고 있다. 통계청에서는 매월 말 산업활동 동향이라는 것을 발표한다. 아주 긴 분량의 자료지만 다 볼 필요는 없고 동행지수와 선행지수만 보면 된다. 동행지수순환변동치로 현재 경기를 판단하고, 선행지수순환변동치를 통해 앞으로 경기가 어떻게 될 것인가를 예측할 수 있다.

다음 그래프를 보자. 갈색 선으로 표시된 건 동행지수순환변동치로, 우리 경제의 현재 상태를 나타내는 대표적인 수치다. 동행지수순환변동치가 2020년 5월을 저점으로 빠르게 회복되는 것을 볼 수 있다.

선행지수순환변동치는 향후 경기변동을 예측하는 수치로, 동행지수순환변동치에 약간 선행한다. 선행지수순환변동치가 먼저 올라가고, 동행지수순환변동치가 뒤따라 올라가면서 2022년 2월까지 경기가 확장 국면을 보이고 있다. 그런데 우리가 더 많은 관심을 가져야 지표는

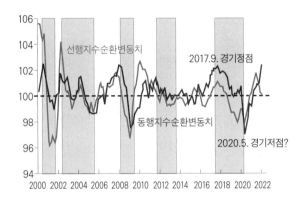

2000~2022년 우리나라 경기 변화

선행지수순환변동치

2017.9. 경기정점

동행지수순환변동치

2020.5. 경기저점?

주: 어두운 부분은 경기수축 국면을 뜻함
자료: 통계청

선행지수순환변동치다. 이 지표가 2021년 6월에 고점을 치고 2022년 2월까지 하락하고 있다.

요컨대, 이 그래프는 현재까지는 경기가 회복 국면이지만 선행지수가 꺾이는 조짐이 나타나면서 시간을 두고 경기가 둔화할 것을 시사하고 있다. 경기선행지수에는 주가지수(KOSPI)도 포함되어 있다. 따라서 코스피도 선행지수순환변동치와 함께 2021년 하반기부터 같이 하락하고 있다.

: 수치보다 방향이 중요하다

2021년 한국 경제는 4.0% 성장하면서 비교적 빠른 회복세를 보였다. 2022년에는 한국은행이나 IMF 등의 전망에 따르면 3% 정도로 성장률이 줄어들 것이고, 나는 그보다 낮은 2.5% 안팎으로 성장할 것이라고 예측한다. 증권사의 리서치센터장으로 있던 시절부터 많은 전망을 해왔지만 사실 수치를 정확히 예측할 수는 없다. 중요한 것은 방향이다. 올라가는 국면인가, 떨어지는 국면인가 하는 추세를 예측하는 것이 더 중요하다.

대표적으로 많은 사람이 고민하는 게 삼성전자의 주가일 것이다. 삼성전자 주가는 2021년 1월 초에 95,000원까지 갔었고 '10만 전자' 이야기까지 나왔었다. 그래서 많은 사람이 삼성전자에 투자했는데 2022년에는 70,000원 이하로 떨어졌다. 삼성전자 주가가 계속 오를 때는 애널리스트들도 뒤따라서 삼성전자 영업이익과 목표 주가를 올렸다. 다른 예측 기관들도 마찬가지다. 경제가 좋아지고 주가가 올라갈 때는 예측 기관들도 예측치를 뒤따라 올리고, 반대로 그다음에 꺾일 때는 뒤따라 내리게 된다.

최근 IMF는 세계경제성장률의 전망치를 낮추고 있다. 2022년 1월 전망에서 IMF는 2022년 세계경제성장률 4.4%로 예상했는데, 이는 2021년 10월 전망치(4.9%)보다 0.5% 포인트 낮춘 것이다. 특히 미국 경제성장률 전망치를 5.2%에서 4.0%로 대폭 낮췄고, 한국 경제성장률도 3.3%에서 3.0%로 하향조정했다. 이는 경기가 꺾이고 있다는 반증이다. 2022년 4월 전망에서도 더 낮출 가능성이 크다. 이런 방향을 눈여겨볼 필요가 있는 것이다.

다음 표는 내가 전망한 우리 경제의 주요 거시경제지표다. 최신 데이터가 발표되면 이 전망치는 수정될 것이므로 이 역시 방향만 보기 바란다.

나는 여러 예측 기관 중 한국은행의 전망치를 가장 관심 있게 지켜본다. 왜냐하면 한국은행이 그 전망치를 바

한국의 주요 거시경제지표 전망

(단위: %, 억 달러)

	2019	2020	2021	2022(F)
GDP 성장률	2.2	-0.9	4.0	2.5
민간소비	2.1	-5.0	3.6	2.6
건설투자	-1.7	-0.4	-1.5	1.1
설비투자	-6.6	7.1	8.3	2.5
경상수지	600	759	883	714
소비자물가	0.4	0.5	2.5	3.5
실업률	3.8	4.0	3.7	3.7
기준금리(말)	1.25	0.50	1.00	1.50
국고채(3년,평균)	1.53	0.99	1.39	2.27
원/달러(평균)	1166	1180	1144	1201
엔/달러(평균)	109	107	111	115
원/(100)엔(평균)	1070	1105	1032	1017

주: 2022년은 전망치
자료: 김영익금융경제연구소

탕으로 통화정책 방향을 결정하기 때문이다. 한국은행은
경제성장률과 물가의 전망치를 보고 금리를 올리거나
내린다. 이처럼 한국은행의 경제 전망이 굉장히 중요하기

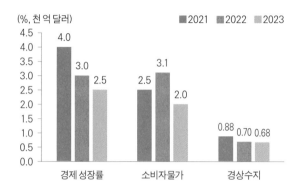

(%, 천 억 달러) ■2021 ■2022 ■2023

자료: 한국은행(2022.2.24)

때문에 주의 깊게 지켜볼 필요가 있다.

한국은행은 2022년 2월 24일 발표한 경제 전망 자료에서 2022년과 2023년 경제성장률을 각각 3.0%와 2.5%로 전망했다. 2022년 소비자물가상승률은 3.1%로 예상하여 통화정책의 목표치(2%)를 웃돌 것으로 내다보았다. 이런 전망이 맞는다면 기준금리를 더 인상하게 될 것이다.

그러나 2008년 글로벌 금융위기 이후 한국은행은 대

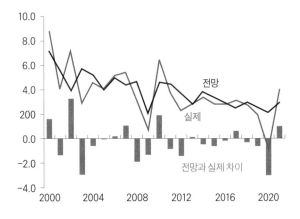

한국은행 경제전망치와 실제치의 차이

10.0
8.0
6.0
4.0
전망
200
실제
0.0
-2.0
전망과 실제 차이
-4.0
2000   2004   2008   2012   2016   2020

주: 전망치는 매년 말 혹은 연초 기준
자료: 한국은행

체로 낙관적 전망을 해오고 있다. 위의 그림은 한국은행
이 연말 혹은 연초에 전망한 경제성장률과 실제 성장률
을 비교한 것인데, 2021년까지 14차례 전망한 수치 중에
서 8차례가 전망치가 실제치보다 높았다. 2008~2021년
평균 경제성장률은 2.8%였는데, 한국은행 전망치는
3.3%로 0.5% 포인트 높았던 것이다.

: 더 중요한 잠재성장률이 떨어지고 있다

이렇듯 한국은행은 대체로 실제보다 낙관적인 전망을 해왔는데, 1990년대 일본도 비슷했다. 2부에서 설명했듯 플라자 합의 후 자산 가격의 거품이 붕괴되면서 일본 경제가 장기적으로 어려워졌다. 그때 일본 중앙은행이 경제성장률과 물가를 전망하고 거기에 맞춰 통화정책을 펼쳤는데, 지나고 보니 전망치에 비해 경제성장률이 떨어졌고 물가도 더 낮았다. 그래서 일부 경제학자들은 일본 중앙은행이 뒷북치는 통화정책을 펼친 것이라고 주장한다.

그렇기 때문에 한국은행의 전망치보다 실제 경제성장률이 더 떨어질 수 있음을 염두에 둬야 한다. 그리고 더 본질적인 문제는 구조적으로 잠재성장률이 떨어지고 있다는 것이다. 잠재성장률이라는 건 수요 측면에서는 인플레이션을 유발하지 않고 성장할 수 있는 능력이다. 또한 공급 측면에서는 노동, 자본, 생산성을 고려했을 때 경제가 성장할 수 있는 능력이다.

그런데 내가 분석해본 결과 잠재성장률이 2021년부터

2% 이하로 떨어지고 있다. 1%대에 진입하고 있는 것이다. 가장 최근에 한국금융연구원에서도 장기적으로 우리나라 잠재성장률을 추정했는데 2030년에 1%로 떨어지고 2040년에는 0.8%까지 하락하는 것으로 전망했다.

우리 성장 능력이 왜 이렇게 떨어진 것일까? 우선 노동력이 감소하고 있기 때문이다. 인구가 줄어들고 있고, 특히 일할 수 있는 인구가 이미 감소하기 시작했다. 그리고

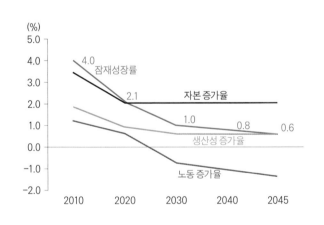

잠재성장률 1%대 진입 과정

자료: 한국금융연구원(2021.7)

우리 기업들이 상당한 자본을 축적해두었기 때문에 투자도 크게 늘지 않을 것이다. 인구 구조는 단기간에 쉽게 바꿀 수 있는 게 아니기 때문에 잠재성장률이 올리려면 생산성을 개선해야 한다. 그래서 나는 바로 지금이 생산성 향상을 위한 사회적 대타협이 필요한 시기라고 말한다. 물론 쉽지 않은 일이지만 사회적 대타협을 통해 생산성을 올려야 잠재성장률을 올릴 수 있다.

09 / 한국 경제의 어제와 오늘

: 계단식으로 하락한 한국의 경제성장률

우리나라 역대 대통령 집권 기간의 연평균 경제성장을 비교해보면 경제성장률이 얼마나 빠르게 떨어지고 있는지를 쉽게 볼 수 있다. 물론 경제 규모가 커지면서 성장률은 낮아질 수밖에 없다. 그런데 우리나라는 대통령이 바뀔 때마다 경제성장률이 계단식으로 떨어졌다. 이는 세계 어느 나라에서도 본 적 없는 그림이다.

경제적 측면에서만 말하자면 박정희 전 대통령 때는 10.3% 성장했다. 영화 〈국제시장〉을 보면 독일에 파견된 간호원과 광부들의 이야기가 나온다. 그들을 담보로 빌려온 돈의 일부가 포스코를 짓는 데 들어갔다고 한다. 그만큼 경제성장을 우선시했다는 이야기다. 정부 지원을 많이 받은 것도 사실이지만, 이병철, 정주영 같은 훌륭한 기업가도 있었다.

이후 전두환 정부 때도 10.2% 성장했는데 그 이유는 1부에서 설명했듯이 3저 호황 덕분이었다. 미국이 달러 가치를 떨어뜨리면서 엔화가 올랐고, 원유 생산을 늘리면서 저유가, 저금리, 저달러라는 3저 호황의 덕을 본 것이다.

노태우 정부 들어서는 3저 호황이 끝나면서 경제성장률이 떨어졌다. 그래서 노태우 정권은 건설을 통해 경기를 부양했다. 각종 사회간접자본에 투자했고 일산과 분당 신도시를 건설했다. 그 덕에 9.2% 성장할 수 있었다.

김영삼 정부 때는 외환위기를 맞았다. 나는 누가 대통령이 됐든 고성장하는 동안 쌓인 기업과 은행의 부실을

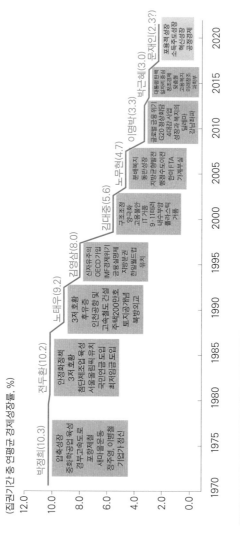

역대 대통령 재직 기간 중 경제성장률과 주요 경제정책

(집권기간 중 연평균 경제성장률, %)

박정희(10.3)
압축성장
중화학공업 육성
경부고속도로
포항제철
새마을운동
정주성, 이병철
기업가 정신

전두환(10.2)
안정화정책
3저 호황
첨단제조업 육성
서울올림픽 유치
국민연금 도입
최저임금 도입

노태우(9.2)
3저 호황
후유증
인천공항 및
고속철도 건설
주택200만호
토지공개념
북방외교

김영삼(8.0)
신자유주의
OECD 가입
IMF경제위기
금융실명제
지방분권
유치

김대중(5.6)
구조조정
양극화
고용불안
9·11테러
내수부양
홀리스틱
거품

노무현(4.7)
문제복지
동반성장
지방균형발전
행정수도이전
4대강사업
성장과 복지의
딜레마
강남좌파

이명박(3.3)
글로벌 금융위기
G20 정상회의
4대강 사업
한미 FTA
가계부실

박근혜(3.0)
대통령 탄핵
일자리 중심
창조경제
맞춤형
고용복지
미래창조
과학부

문제인(2.3?)
포용적 성장
소득주도성장
혁신성장
공정경제

주: 전두환의 경우 1980년은 제외, 문제인은 추정치
자료: 한국은행, 김동호(대통령 경제사, 2019), 김영익금융경제연구소

처리하고 넘어갈 수밖에 없었다고 본다. 고성장하던 시절에 우리 기업들이 투자를 너무 많이 했고, 그로 인해 기업이 부실해졌으며, 기업에 돈을 빌려준 은행까지 부실해졌다. 그 결과가 1997년 외환위기였고, 이때 정말 고통스러운 구조조정을 했다. 구조조정은 쉽게 말하면 좋은 기업은 살리고 나쁜 기업은 없애는 것이다. 기업이 많이 없어지니까 투자가 확 줄었고, 많은 근로자가 해고당하면서 소비가 줄었다.

이처럼 외환위기로 인해 소비와 투자가 줄어들면서 김대중 정부 들어 성장률이 한 단계 확 떨어져 5.6%를 기록했다. 이에 대해서는 안정성장 국면에 들어섰다는 긍정적인 평가가 있고, 우리나라 주식시장이 한 단계 도약한 것도 사실이다. 그런데 구조조정 결과 우리가 맞닥뜨린 것은 양극화와 고용 불안이었다. 잘된 기업은 더 잘되고, 잘된 기업에 다니는 직원들은 월급을 더 많이 받는 반면, 퇴출된 기업의 근로자는 일자리를 잃었으니 소득 차별화가 무척 심화한 것이다.

노무현 전 대통령은 이런 문제를 해소하기 위해 지방

균형 발전, 동반성장, 분배복지 정책 등을 펼쳤다. 그런데 지금 우리 현실은 어떤가? 동반성장, 지역균형 발전, 소득 불균형 해소 등의 관점으로 봤을 때 크게 개선된 것은 없다. 오히려 더 어려워지고 있다.

이명박 정부는 '747' 공약을 내세웠었다. 747은 7% 경제성장률, 1인당 국민소득 4만 달러, 세계 7대 경제 강국을 뜻한다. 물론 선거 공약이었지만 결과는 7%가 아니라 3.3%로 떨어졌다. 박근혜 정부는 '474'를 내세웠다. 경제성장률 4%, 고용률 70%, 국민소득 4만 달러를 뜻한다. 하지만 결과는? 경제성장률이 또다시 3%로 떨어졌다.

: 포용적 성장을 외치는 이유

문재인 정부의 집권 기간에는 경제성장률이 한 단계 더 떨어져서 2%대를 기록할 것으로 보인다. 이번 정부가 추구한 것은 큰 개념으로 보면 '포용적 성장'이다. 그리고 하위 개념으로 소득주도성장, 혁신성장, 공정경제를 추구했다.

포용적 성장과 포용 자본주의는 한마디로 말하면 '나누고 살자'는 것이다. 경제가 10%씩 성장할 때는 파이가 굉장히 커져서 기업들이 같이 나누면서 잘살 수 있었다. 그런데 갈수록 파이가 커지는 규모는 줄어드는데 그걸 나눠 가져야 하니 경쟁력 있는 기업은 더 많이 가져가고 경쟁력 없는 기업은 시장에서 퇴출되는 현상이 발생했다. 차별화가 너무 심화했다는 것인데, 다른 표현으로 '축출 자본주의'라고 한다. 이것은 자본주의 자체의 모순이기도 하지만, 이런 모순을 극복하기 위해 같이 나누면서 살자는 게 이번 정부가 추구하는 방향이다.

중국 정부도 최근 '공동부유론'을 외치고 있다. 과거에는 '흑묘백묘론'이라고 해서 고양이 색깔이 검은색이든 흰색이든 쥐만 잘 잡으면 되듯이, 자본주의든 공산주의든 국민을 잘살게 하면 그게 제일이라고 했다. 우선 성장부터 하고 보자는 것이었다. 그러다 소득 불균형이 너무 심해지니까 좀 나누고 살자는 기조로 바뀌었는데, 이 역시 포용적 성장과 의미가 상통한다.

미국 바이든 대통령도 마찬가지다. 바이든의 경제정책을 한마디로 요약하면 '중산층 회복을 통한 안정성장'이다. 미국의 중산층이 굉장히 가난해졌는데, 중산층을 살려야 지속적인 성장에 원동력이 되고, 중산층의 비중이 클수록 소득 불균형이 낮아지기 때문이다. 중산층을 살리기 위해서는 위해서는 돈을 많이 버는 기업들과 돈 많은 개인들한테서 세금을 걷어 중산층한테 나눠줄 수밖에 없다. 이처럼 전 세계적으로 각국의 정부가 포용적 성장을 추구하고 있다.

포용적 성장 중에서도 소득주도성장이란, 우리 경제가 아직도 능력 이하로 성장하고 있기 때문에 돈 많은 기업 소득을 가계 소득으로 이전해서 소비를 늘리려는 것이다. 가계가 소비를 늘리면 기업 매출이 늘므로 기업이 고용을 늘고 경제도 성장할 수 있다는 것이다. 또한 혁신성장은 기업 규제를 줄이고 신산업을 육성해 잠재성장률을 올려보자는 것이다.

코로나19는 인류에게 많은 숙제를 남겼다. 나는 그것

을 두 가지로 요약할 수 있다고 본다. 하나는 '소득 불균형 해소'이고, 다른 하나는 '에너지 절약'이다. 역사를 보면 소득 불균형 심화는 주로 3가지 방법으로 해결되어 왔다. 첫째는 혁명, 둘째는 전쟁, 셋째는 전염병이다. 혁명이나 전쟁 혹은 전염병이 일어나면 많은 사람이 죽는다. 일할 사람이 부족하니 기업에서는 직원들의 임금을 많이 올려주게 되고, 그 결과 소득 불균형이 해소됐다. 당장 세계적 전쟁이나 혁명은 발생하지 않을 것이지만, 만약 이번에 소득 불균형이 해소되지 않으면 코로나19보다 더 심각한 전염병이 올 수도 있다고 생각한다. 코로나19가 준 메시지를 잘 기억해야 하는 이유다.

: 우리나라는 다시 도약할 수 있을까?

안타깝게도 한국금융연구원에서 추정한 바에 따르면 우리나라의 잠재성장률은 또 한 단계 떨어질 것으로 보인다. 우리 경제가 구조적으로 어쩔 수 없이 저성장 국면에 들어선 것이다. 저성장은 다른 측면에서 보면 차별화다. 잘되는 건 더 잘되고 경쟁력 없는 기업은 시장에서 퇴출되는 것. 앞서 말했듯 이런 차별화는 자본주의의 모순이기도 하다.

그럼 어떻게 해야 우리나라의 경제성장률이 다시 도약할 수 있을까? 생산성이 혁신적으로 개선되든지 아니면 통일이 되어야 한다. 남한의 자본과 북한의 노동력, 천연자원 등이 합쳐지면 초기에는 어려움을 겪더라도 결국엔 성장할 것이다. 다만 이것은 단기에 기대할 수 있는 일은 아니다.

물론 우리나라는 잘사는 나라. 1958년생인 내가 태어났을 때 1인당 국민소득이 80달러였는데 초등학교를 졸업할 무렵에는 1인당 국민소득이 260달러가 되었다. 얼마나 가난했던지, 개인적인 이야기지만 나도 등록금이 없어 중학교에 못 가고 산에 나무를 하러 다녔다. 그러던 차에 어려운 아이들에게 공부할 기회를 준 어느 교회 덕분에 중·고등학교 검정고시를 볼 수 있었다. 그렇게 가난했던 나라가 지금은 1인당 국민소득 3만 달러가 넘고 무상교육을 하고 있지 않은가.

성장 과정에서 진통은 항상 있었다. 1994년에 1인당 국민소득 1만 달러를 돌파한 뒤 1997년 외환위기를 겪었다. 2006년 1인당 국민소득 2만 달러를 돌파한 뒤에는 2008년 글로벌 금융위기로 또다시 진통을 겪었다. 그러니 지금의 위기도 성장 과정에서 겪는 진통인지 모른다.

다만 확실한 것은 앞으로 경제성장률이 계속 낮아지면서 성장하는 속도도 느려질 거라는 사실이다. 1인당 국민소득 4만 달러를 돌파하기까지는 오랜 시간이 걸릴 것으로 보인다.

: 미래 먹거리가 될 산업

2020년 한국경제는 코로나19에 따른 내수 침체로 -0.9% 성장했다. 그해 순수출의 경제성장 기여도는 0.5% 포인트였다. 대외부문의 기여도 없었다고 가정하면 2020년 경제성장률은 -1.4%였을 거라는 이야기다. 2021년 우리 경제가 4.0% 성장하는 데도 순수출이 0.8% 포인트 기여했다.

2022년에는 순수출의 경제성장 기여도가 줄어들 전망이다. 우리 수출 증가율과 동행하는 경제협력개발기구 OECD 선행지수가 2021년 7월을 정점으로 계속 하락하고 있기 때문이다. 2022년에는 선진국을 중심으로 세계 경제성장이 둔화하면서 우리 수출 증가율도 크게 줄어들 가능성이 크다.

우선 품목별로 보면 아주 잘되고 있는 게 반도체다. 사실 중국이나 미국이 우리나라를 무시할 수 없는 이유는 삼성전자, SK하이닉스 같은 반도체 회사가 있기 때문이다. 비록 D램 분야지만 우리나라 반도체는 세계 최고 경쟁력을 갖추고 있다. 원유 못지않게 중요한 생산 요소가 반도체다. 반도체가 안 들어가는 데가 거의 없기 때문이다. 우리 반도체 수출 비중이 2010년에 11% 정도에서 2018년 21%까지 올라갔고 2022년 들어서도 19% 수준을 유지하고 있다.

반도체 수출이 증가했다면 감소한 산업도 있다. 바

로 조선업이다. 선박이 우리 수출에서 차지하는 비중이 2010년 11%에서 최근에는 4% 안팎으로 떨어졌다. 일반 선박 기준으로 보면 조선업의 경쟁력이 일본에서 우리나라로 왔다가, 지금은 중국으로 가고 있다. 그런데 최근에 우리나라의 조선업 수주가 많이 늘어나고 있다는 반가운 소식이 들린다. 중국 선박의 질이 아직 우리나라에 미치지 못하기 때문이다.

또 어떤 산업이 성장할 것인가? 2부에서 전 세계가 탄소 제로로 가면서 내연기관차가 갈수록 사라지고 전기차가 많이 등장할 거라고 했다. 전기차의 핵심은 바로 2차 전지다. 우리나라가 2차 전지를 잘 만들기 때문에 이런 기술력이 자동차 기업과 잘 결합하면 우리 경제가 한 단계 도약할 수 있을 거라고 본다.

： 우리나라의 수출 동향으로 읽는 세계 경제의 흐름

이번에는 우리나라의 지역별 수출 동향을 살펴보

자. 우리 수출 중에서 중국이 차지하는 비중은 2000년에 11%에서 2018년 한 때는 27%까지 올랐다가 그 이후에도 25% 정도를 유지하고 있다. 반면 미국 비중은 2000년에 22%에서 한때 12% 떨어졌다가 최근 미국 경제가 좋아지면서 15% 정도를 유지하고 있다. 장기적으로 우리 수출 중에서 미국 비중이 축소하고 중국 비중이 확대하고 있는 것이다. 그 외에 유럽 비중도 장기적으로 축소되고, 대신 아세안의 비중이 꾸준히 늘어나고 있다. 아세안 지역이 우리 수출에서 차지하는 비중이 201년 11%에서 2021년에는 17%로 증가했다.

2021년에는 미국과 유럽의 비중이 좀 올라갔는데, 이것은 백신 효과다. 선진국에서 백신을 맞고 소비를 좀 하면서 수출도 늘어난 것이다. 그러나 이것은 일시적인 현상일 뿐이고, 장기적으로는 우리 수출 가운데 선진국 비중이 축소되고 중국 등 아세안 비중이 꾸준히 늘어나고 있다.

우리나라의 수출 동향을 보면 세계 경제의 흐름을 알 수 있다. 우리나라는 매월 1일에 지난달의 수출 통계를 발표하는데, 이는 세계에서 가장 빠르기 때문이다. 그래서 한국 경제를 '세계 경제의 풍향계'라고 한다. 또는 '탄광 속의 카나리아'라고 하는데, 카나리아는 이산화탄소를 잘 감지하기 때문에 옛날 광부들이 일할 때 카나리아를 광산에 먼저 넣어 카나리아가 힘이 없어지거나 죽으면 이산화탄소가 나오는 걸로 파악했다는 데서 유래한 표현이다.

이처럼 우리나라의 수출 동향을 보면 중국과 아세안의 비중 늘어나고 미국과 유럽 비중 줄어들고 있는 세계 경제의 흐름을 읽을 수 있다. 세계 경제의 성장(소비) 축이 미국에서 아시아 지역으로 이전되고 있는 것이다.

: 윤석열 정부 때 경제성장률 계단 오를 수 있을까?

앞서 살펴본 것처럼 1970년 이후 통계를 보면 대통령이 바뀔 때마다 우리나라 경제성장률이 계단식으로 떨어졌다. 잠재성장률이 그만큼 하락하고 있다는 의미다.

박정희 전 대통령 재직 시기에 연평균 경제성장률이 10.3%였다. 그 뒤로 경제성장률이 서서히 낮아지더니 김대중 대통령 시기에는 5.6%로 떨어졌다. 1997년 외환위기를 극복하는 과정에서 구조조정으로 많은 기업이 사라지면서 투자가 줄고 근로자들이 해고되면서 소비가 감소했기 때문이었다. 문재인 대통령 시기 연평균 경제성장률은 2.3%로 추정된다.

경제 규모가 커질수록 경제성장률은 낮아질 수밖에 없다. 그러나 성장률 하락 속도가 너무 빠르다. 그만큼 우리나라 잠재성장률이 가파르게 낮아지고 있다는 것이다. 잠재성장률이란 노동, 자본, 생산성을 고려했을 때 한 나라 경제가 인플레이션을 유발하지 않고 최대한 성장할 수 있는 능력이다. 내가 추정해보건대, 1970~80년대 10% 안팎이었던 잠재성장률이 1990년대에는 7%로 떨어졌고, 2000~09년에는 5%로 더 낮아졌다. 2010~20년을 5년 단위로 보면 전반기 잠재성장률은 3.4%, 후반기는 2.6%였다. 2021년에는 잠재성장률이 역사상 처음으로 2% 이하로 떨어진 것으로 추정된다. 지난해 7월 한국

금융연구원은 우리나라 잠재성장률을 2030년에 1.0%, 2040년에는 0.8%로 전망했다. 앞으로도 성장 능력이 계속 떨어질 것이라는 이야기다.

잠재성장률이 낮아지는 가장 중요한 이유는 노동력에 감소에 있다. 생산연령인구로 분류되는 15~64세 인구가 2020년부터 감소세로 전환했다. 통계청의 인구추계에 따르면 앞으로 10년 이 인구가 매년 1%씩 감소하고, 그다음 10년에는 1.7%씩 줄어든다. 우리 기업들의 자본 축적 정도가 상당히 높은 수준에 있기 때문에 투자도 크게 늘기 힘들다. 또 다른 잠재성장률 결정 요인인 총요소생산성도 하루아침에 개선되는 것은 아니다.

잠재성장률을 올리기 위해서 노동과 자본이 증가해야 하고 생산성이 향상되어야 한다. 그런데 외국에서 노동력을 수입하지 않는 한 노동은 증가하기 어렵다. 자본 증가나 생산성 향상으로 잠재성장률을 올리는 방법밖에 없다는 이야기다. 국내총생산에서 총자본이 차지하는 비중이 1996년 40%에서 지난해에는 30%로 낮아졌다. 주로 건설투자 비중이 크게 떨어졌기 때문이다. 적극적 규제 완화로 설비투자를 늘리거나 성장산업에 지적재산생산물투자를 과감하게 증가시키면 잠재성장률이 올라갈 수 있다. 그러나 잠재성장률을 제고시키는 가장 바람직한 방향은 생산성 향상에 있다. 이런 의미에서 크게는 사회적 대타협, 작게는 노사화합 등이 필요한 시기다.

잠재성장률이 낮아진다는 것은 늘어나는 경제 규모의 크기가 상대적으로 축소된다는 의미다. 이 시기에 경쟁력 있는 기업은 더 많이 가져가고 그렇지 않은 기업은 시장에서 퇴출되면서 차별화가 심화한다. 경제 규모를 늘리지 않으면 윤석열 대통령이 선거공약으로 내세운 '행복 경제 시대' 달성도 어렵다. 경제성장률 계단을 올라가는 첫 대통령 시대가 열리기를 기대해본다.

10 / 저금리 시대를 살아가는 법

: 가계 부채가 늘어난 이유

우리나라의 가계 부채가 높다는 이야기를 했다. 뉴스를 보면 가계 대출을 줄이기 위한 규제도 많이 하고 있다. 그럼 왜 우리나라 가계가 부실해졌을까? 그 원인을 찾아보자.

IMF 외환위기 때 구조조정을 거치면서 기업들이 과거보다 돈을 덜 빌려 쓰고 투자를 덜 하다 보니 금리가 낮아지고 기업의 이익이 증가했다. 그러면서 우리나라 경제에 생긴 가장 큰 변화는 시중에 돈이 남아도는 경제로 바뀌었다는 것이다.

1부에서 마샬 케이에 대해 설명했다. 마샬 케이는 광의통화량(M2)을 명목 GDP로 나눈 값이다. 1997년 이전까지는 우리나라의 마샬 케이가 굉장히 낮았었다. 그래서 전경련이 우리나라는 실물에 비해 돈이 부족해서 금리가 높기 때문에 한국은행이 돈을 풀어야 한다는 말을 많이 했었다.

그런데 외환위기 후 GDP보다 더 많은 돈이 풀렸고, 이렇게 풀린 돈은 은행으로 들어갔다. 외환위기를 겪으면서 주식이 폭락했고, 일부 회사채에서도 손해를 봤기 때문에 사람들이 안정성을 찾아 은행에 돈을 맡긴 것이다. 그래서 은행에 돈이 많이 들어왔는데, 대출 측면에서 보면 은행 돈은 기업 아니면 가계로 간다.

그런데 기업들은 투자를 상대적으로 줄였고 이익은 커졌으므로 은행에서 돈을 덜 빌려 썼다. 그러니 은행은 가계 대출을 늘릴 수밖에 없었고, 결국 가계로 돈이 몰려

들었다.

2000년에는 기업 대출 비중이 71%, 가계 대출 비중이 29%였으나 2006년에는 기업 대출 비중이 48%로 낮아졌고 가계 대출 비중은 52%로 높아졌다. 은행의 대출 중 절반 이상이 가계로 간 셈이다. 그 결과 소비가 늘고 부동산 가격도 올랐지만 가계는 굉장히 부실해지고 말았다. 2017년 이후로는 기업과 가계 대출 비중이 거의 절반씩 차지하고 있다.

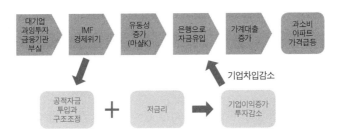

다음은 개인의 금융자산과 부채의 추이를 보여주는 그래프다. 회색 막대는 자산, 빨간 막대는 부채이고, 초록색 선은 부채를 자산으로 나눈 값이다. 자산에 비해서 부채가 굉장히 많이 증가했다는 것을 알 수 있다.

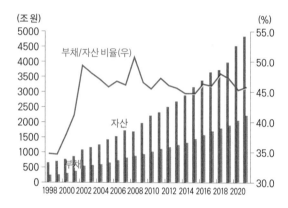

개인의 금융자산 및 부채 추이

(조 원)
5000
4500
4000
3500
3000
2500
2000
1500
1000
500
0

(%)
55.0
50.0
45.0
40.0
35.0
30.0

부채/자산 비율(우)

자산

부채

1998 2000 2002 2004 2006 2008 2010 2012 2014 2016 2018 2020

자료: 한국은행

2000년 개인의 금융부채/자산 비율이 38%에서 2002년
에 49%까지 급증했다. 여기서 우리나라 가계 부채 문제
가 시작된 것이다.

다행스럽게도 최근에는 부채 자산 비율이 조금 낮아
지고 있다. 부채 증가 속도보다 금융자산이 늘어나는 속
도가 조금 더 빠르다는 뜻이다.

개인은 '자금 잉여 주체'라고 한다. 전체적으로 보면 개

인이 금융회사에 저축한 돈이 빌려 쓴 돈보다 많기 때문이다. 개인이 저축한 돈을 기업이 갖다 쓰는 것이다. 1998년에 우리나라 개인 자금 잉여가 85조 원이었다. 이것이 의미하는 바는, 개인들이 금융회사에 저축한 돈이 빌려 쓴 돈보다 85조 원 많았다는 것이다. 1997년 외환 위기를 겪으면서 미래가 불확실해진 탓에 저축을 많이 늘렸기 때문이다.

그 후 개인의 자금 잉여가 계속 줄어들었고, 2002년에는 마이너스 5조 원이 되면서 적자 주체로 전환되었다. 가계가 기업처럼 금융에서 빌린 돈이 저축한 돈보다 많았다는 것이다.

이 통계를 보고 나는 경제 공부를 더 해야겠다고 반성도 했지만, 다른 측면에서는 우리 국민 참 화끈하다는 생각이 들었다.

1997년과 1998년 초까지는 은행에서 돈을 빌리려면 금리가 20% 넘을 때도 있었다. 그 후 금리가 6~7%로 떨어지고 기업 자금 수요가 줄어들다 보니 은행은 가계 대출을 늘릴 수밖에 없었다. 가계가 은행 돈을 빌려서 소비도 하고 주식도 사고 부동산도 사면서 가계 부실 문제가 등장한 것이다.

2003년 이후로는 개인이 정상적으로 흑자 주체로 돌아섰다. 2020년에는 192조 원으로 흑자가 대폭 확대됐다. 개인들이 금융회사에 저축한 돈이 빌려 쓴 돈보다 192조 원 늘어난 것이다. 절대적으로 개인의 부채도 많지만 금융자산이 상대적으로 늘어나고 있는 긍정적인 데이터도 나타나고 있다.

개인이 돈을 많이 저축했으니 소비도 잘되겠다고 낙관적으로 생각할 수도 있을 것이다. 문제는 소득 차별화다. 전 세계의 소득 불균형이 극심해졌고 우리나라도 마찬가지다.

통계를 보면 가계의 금융자산이 상대적으로 늘고 있다는 걸 확인할 수 있지만, 이런 금융자산을 가지고 있는 사람들은 이미 쓸 만큼 쓰고 있다. 소득이 낮고 소비할 여력이 없는 사람들이 더 많기 때문에 우리 경제가 소비 중심으로 저성장을 할 수밖에 없는 것이다.

: 금리가 장기적으로 하락하는 이유

2021년에서 2022년 1분기에 금리가 상승했다. 하지만 이는 일시적일 뿐 장기적으로 금리는 하락할 것이다. 이렇게 보는 이유로 3가지를 들 수 있다.

첫 번째는 경제성장률이 하락하기 때문이다. 금리를 결정하는 가장 중요한 요소가 경제성장률이다. 우리가 시장에서 관찰하는 금리는 명목 금리로, 명목 금리는 '실질 금리 + 물가 상승률'이다. 실질 금리는 사전에 추정할 수 없기 때문에 실질 금리의 대용변수로 실질 GDP 성장률이 사용된다.

그런데 앞서 봤듯 우리나라는 잠재성장률이 계속 떨어지면서 2022년부터 1%대에 진입했다. 금리가 낮다는 것은 앞으로 경제성장률이 더 떨어질 거라는 뜻이다. 금리가 먼저 떨어졌고 우리 경제성장률도 계속 떨어지고 있지 않은가. 그래서 금리는 똑똑하다고 말하는 것이다.

저금리의 의미를 다시 생각해봐야 한다. 금리가 더 낮아진다는 것은 앞으로 경제성장이 더 둔화될 거라는 뜻이다. 일자리가 그리 많지 않고 내 소득이 많이 안 늘어난다는 것. 이런 의미에서 보면, 금리가 낮다고 돈을 빌려 위험자산에 투자하는 것은 그리 바람직하지 않다.

두 번째는 우리 경제가 저축이 투자보다 높은 자금 잉여 경제이기 때문이다. 투자라는 건 곧 돈의 수요다. 투자를 하려면 돈이 필요하기 때문이다. 반대로 저축이라는 건 돈의 공급이다. 1997년 외환위기 전에는 우리 기업들이 투자를 많이 해서 투자가 저축보다 많았다. 돈이 부족했기에 고금리였다.

외환위기 이후에는 기업들이 투자를 상대적으로 줄이다 보니 투자율이 떨어지고 저축률이 투자율을 웃돌게 되었다. 돈이 남아도는 경제가 된 것이다. 돈이 남아도니까 금리가 떨어질 수밖에 없다.

한국은행 자금순환 통계를 보면 2021년 말 현재 우리 기업들이 가지고 있는 현금성 자산이 919조 원이다. 삼성전자 같은 우량 기업들은 현금을 많이 가지고 있다. 이처럼 돈이 남아돌기 때문에 오히려 은행들이 기업들한테 '우리 돈 좀 써달라'고 고개를 숙이는 상황이다. 물론 일부 중소기업은 자금 사정이 여의치 않고 은행도 이들에게는 대출을 꺼리고 있다.

세 번째는 기업의 자금 수요 감소로 은행이 채권을 매수하기 때문이다. 경제 주체는 크게 가계, 기업, 정부, 해외의 네 분야로 나눌 수 있다. 기업은 앞서 말했듯 금융회사에 빌려 쓴 돈이 저축한 돈보다 많은 자금 부족 주체다. 기업은 돈을 빌려 투자하는 곳인데 우리나라의 최근 경제 상황을 보면 가계 잉여는 늘어나고, 기업은 상대적으로 투자를 덜 하다 보니 자금 부족 규모가 줄어들고 있다.

그러면 그 돈은 어디로 가야 할까? 해외로 나갈 수밖에 없다. 그래서 미국 주식에 투자를 많이 하고 우리 기업들도 미국 기업에 직접투자를 많이 하고 있는 것이다. 또한 가계는 자금 잉여가 늘어나고 있고 기업은 자금 부족 규모가 줄어드니까 균형을 이루기 위해서 정부도 돈을 많이 쓸 수밖에 없다.

일본 기업들도 1998년에 자금 잉여 주체로 전환되어버렸다. 기업들이 은행에서 돈을 빌려야 하는데, 기업들이 은행에 빌려 쓴 돈보다 저축한 돈이 더 많아졌다는 뜻이다. 은행에다 돈을 맡기면 은행은 어떤 식으로 운영할까? 대출을 내주거나 유가증권을 운영한다.

대출에는 가계 대출과 기업 대출이 있고, 유가증권은 주식 아니면 주로 채권이다. 그런데 가계가 자금 잉여 주체로 남아 있는 상황에서 기업도 은행에 맡긴 돈이 빌려 쓴 돈보다 많다 보니 은행들이 유가증권에 투자할 수밖에 없었던 것이다. 그런데 은행은 위험이 높은 주식이 아니라 채권만 샀고, 그 결과 채권 가격은 올라가고 금리는 떨어졌다. 채권 가격과 금리는 반대 방향으로 움직이기 때문이다.

은행들이 채권을 사들인 결과 금리가 0%까지 떨어졌는데, 이렇게 금리가 이렇게 떨어지니까 보험회사들이 어려워졌다. 보험 가입할 때 계약서를 보면 최저금리 몇 퍼센트를 주겠다고 쓰여 있을 것이다.

그런데 금리가 그 밑으로 떨어지니까 보험회사들이 약정한 이자를 내줄 수 없게 된 것이다. 그래서 역마진을 내면서 이 시기에 일본의 생명보험회사 13개가 4개로 통폐합되었다. 은행이 보험회사를 망하게 만들었다는 이야기가 나온 이유다.

우리나라 기업들도 앞으로 은행에서 돈을 많이 안 빌려 쓸 것이다. 삼성전자의 경우에는 회사채 신용등급이 없다. 회사채를 발행하지 않기 때문이다. 그만큼 은행의 고민은 깊어지고 있다.

지금까지 은행의 경쟁력은 대출에 있었는데 이제부터 은행의 경쟁력은 유가증권 운용에 있다는 말도 나온다. 기업, 가계 대출 수요가 과거보다는 줄어들 거라는 것이고, 그래서 자기자본으로 유가증권을 얼마나 잘 운용하느냐, 그리고 고객의 금융자산을 얼마나 잘 운용해주느냐가 경쟁력이 되는 것이다.

중요한 것은, 기업이 과거보다 돈을 덜 가져다 쓰고 일본처럼 기업이 자금 잉여 주체로 전환되면 은행은 채권을 살 수밖에 없다는 것이다. 그리고 그 결과 금리는 더 떨어질 가능성이 크다.

： 저성장, 저금리 시대에 살아남으려면

저성장, 저금리는 이제 부정할 수 없는 우리의 현실이다. 이것을 인정하고 살아갈 방법을 찾아야 한다. 저성장, 저금리 시대에 우리는 어떻게 대응해야 할지 거시적 측면에서 살펴보고자 한다.

우선 저성장, 저금리 시대에는 근로소득이 정말 중요하다고 생각한다. 나는 2013년 3월에 한 보험회사에 2억 원짜리 즉시연금에 가입했다. 바로 다음 달부터 연금 형태로 일정 금액이 지급되었는데, 그해 4월에 51만 원을 받았다. 그런데 2022년 3월에는 수령액 28만 원으로 줄었다.

연금이 왜 이렇게 줄었을까? 연금을 든 보험회사가 부동산이나 주식에 투자하지만, 대부분은 채권에 투자한다. 그런데 금리가 낮아지니까 운용 수익률도 떨어질 수밖에 없는 것이다.

어쨌든 한 달에 연금을 28만 원 받는다는 건 어떤 의미일까? 지금 내가 어떤 일을 해서 한 달에 30만 원 정도를 벌면 금융자산 2억 원을 가진 것과 똑같은 현금 흐름이라는 이야기다.

조금 더 쉽게 설명해보겠다. 은행에 1억 원을 맡기면 한 달에 이자가 10만 원 조금 넘는다. 그런데 어떤 일을 해서 한 달에 10만 원 받는다면 금융자산 1억 원을 가진 것과 똑같은 현금 흐름이라는 것이다. 그래서 저성장, 저금리 시대에서는 일하면서 근로소득을 얻는 게 정말 중요하다.

우리보다 일본이 저성장, 저금리 시대를 먼저 겪었다. 일본도 저성장, 저금리 시대로 가면서 은행에 맡긴 돈의 수익률이 굉장히 낮아졌고, 주식과 부동산 기대수익률도 많이 낮아졌다.

그래서 일본 사람들이 이제 아끼고 살 수밖에 없다고 생각하면서 소비를 줄였다. 그 결과는 거의 30년 동안의 디플레이션 상태다.

얼마 전에 일본의 한 금융그룹 회장이 하는 강의를 들었는데 그는 두 가지를 강조했다. 하나는 "불행한 일이지만 늙어 죽기 전까지 일해라"였다. 100세 시대라고 하는

데 100세까지 일해야 할 것이다. 다른 하나는 "음식 가리지 말고 아무거나 잘 먹어라"였다. 건강해야 일할 수 있기 때문이다. 이게 저성장, 저금리 시대에 적응하는 방법이라는 것이다.

나는 후배들에게 "직職보다는 업業을 가지십시오"라고 말하곤 한다. 회사에 다니면서 과장, 차장, 부장, 이사, 심지어는 사장이 되어도 이것은 오래 가는 직이 아니다. 그 직을 떠나서 다만 몇십만 원이라도 벌 수 있는 업을 가지라고 말하고 싶다.

직장을 오래 다니되, 직을 떠나서 하나의 업을 가지라는 것이다. 한 달에 다만 몇 십만 원이라도 벌 수 있는 업을 가지는 게 무엇보다 중요하다.

또한 대출을 받거나 저축을 할 때는 중장기 금리 전망을 활용하는 것이 좋다. 지금 금리가 잠시 오르고 있지만 장기적으로는 떨어질 것이라고 했다. 다시 말해, 대출을 받는다면 금리가 떨어질 것을 생각해 변동금리로 하고, 저축을 한다면 지금 금리가 올랐으니 고정금리로 저축하는 것을 추천한다.

: 시장금리, 정점에 근접해가고 있다

최근 시장금리가 가파르게 오르고 있다. 그러나 금리 상승은 자산가격 하락이나 소비와 투자 감소로 경기침체를 초래하고 다시 금리 하락으로 이어질 수 있다.

시장금리가 상승하는 이유를 마이너스(-) 실질금리에서 찾을 수 있다. 실질금리란 명목금리에서 물가상승률을 뺀 것이다. 2022년 3월 10년 국고채수익률(2.78%)과 소비자물가상승률(4.14%)의 차이가 마이너스 1.36%로, 10년 만기 국채가 발행된 2000년 10월 이후 최저치를 기록했다. 2001년에서 2021년 실질금리 평균이 1.59%인 것처럼 실질금리는 플러스 상태가 정상이다.

마이너스 실질금리가 정상으로 돌아서기 위해서는 우선 시장금리가 올라야 한다. 최근 10년 국고채수익률이 3%를 넘어서면서 2014년 9월 이후 최고치를 기록했다. 당분간 물가상승률이 4% 안팎을 유지할 것이기 때문에 실질금리가 플러스 상태로 전환하기 위해서는 시장금리가 그 이상으로 올라가야 한다.

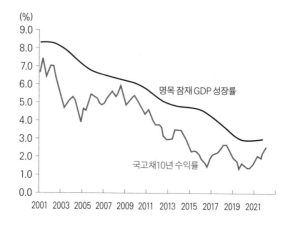

명목 GDP 성장률과 금리 추이

주: 명목 잠재 GDP 성장률은 필자 추정
자료: 한국은행

그러나 현재 3%대인 국고채수익률은 적정 수준에 근접한 것으로 추정된다. 장기적으로 시장금리는 명목 GDP 성장률을 약간 밑돌았다. 예를 들면 2001년에서 2021년 사이에 10년 국고채수익률은 평균 3.9%로 명목 GDP 성장률(5.7%)보다 낮았다. 내가 추정해본 바에 따르면 우리나라 잠재 명목 GDP 성장률은 3% 정도다. 현재 금리가 이 수준을 넘어섰다. 시장금리가 더 오르기 힘들다는 뜻이다.

실질금리가 플러스로 돌아서기 위해서는 물가상승률이 떨어져야 한다. 2022년 하반기 이후 경기가 둔화하면서 물가상승률이 점차 낮아질 전망이다. 한국은행은 물가안정 목표를 달성하기 위해 2021년 8월부터 2022년 4월 사이에 기준금리를 0.50%에서 1.50%로 인상했다. 2022년 남아 있는 통화정책방향 결정회의에서 기준금리를 한두 차례 더 올릴 전망이다.

금리 인상은 자산 가격의 하락 요인으로 작용한다. 이미 주가지수(코스피)는 20% 이상 떨어졌으며 뒤따라 집값도 하락추세로 전환할 조짐을 보이고 있다. 자산 가격이 떨어지면 앞서 말했듯 '역의 부의 효과'로 소비가 줄어든다. 물가가 오르면 실질소득이 감소하기 때문에 역시 소비가 줄게 된다. 또한 금리 인상은 투자를 위축시키는 요인으로 작용한다.

이미 경기둔화 조짐이 여기저기서 나타나고 있다. 앞으로 경기를 전망하는 데 유용한 지표로 사용되는 통계청의 선행지수순환변동치가 2021년 6월을 정점으로

2022년 2월까지 하락추세를 이어오고 있다. OECD에 따르면 OECD 회원국의 선행지수 역시 2021년 8월부터 하락하면서 세계 경제성장 둔화를 예고하고 있다. 우리 경제성장을 주도하고 있는 수출이 줄어들 수 있다는 의미다.

2022년 하반기 이후에는 경기둔화에 따른 수요 위축으로 물가 상승률이 점차 낮아질 전망이다. 이 경우 장기금리가 먼저 하락하게 될 것이다. 2020년 하반기부터 금리가 지속적으로 상승(채권 가격은 하락)했기 때문에 채권투자에서는 손실을 볼 수밖에 없었다. 그러나 2022년 하반기 이후는 시장금리 하락으로 채권투자에서 이익을 낼 수 있을 것이다. 가계의 금융자산 가운데 채권투자 비중을 늘려야 한다는 이야기다. 주가는 저평가 영역에 있기 때문에 일정 수준 반등하겠지만, 경기수축 국면에서 추세적 상승은 어렵다.

4부

주가와 집값은 어떻게 될까?

많은 사람이 주식과 부동산 가격에 주목하고 있다. 먼저 주식과 부동산 가격이 과연 어떻게 올랐는지 살펴보고 앞으로 어떻게 변화할 것인지도 전망해보겠다.

11 / 배당 투자가 답이다

: 장기적으로 주가는 상승한다

많은 사람이 주식과 부동산 가격에 주목하고 있다. 먼저 주식과 부동산 가격이 과연 어떻게 올랐는지 살펴보고 앞으로 어떻게 변화할 것인지도 전망해보겠다.

우선 주가는 장기적으로는 오른다. 왜냐하면 우리나라 명목 GDP가 계속 성장하기 때문이다. 장기적으로 명목 GDP 성장률보다 주가는 1~2% 정도 더 높게 성장한다.

장기적으로 우리 경제가 성장하니까 주가도 장기적으로는 오를 수밖에 없는 것이다.

주가라는 것은 명목 GDP를 때로 과소평가하고, 때로는 과대평가한다. 우리 주가가 사실 2019년까지는 저평가됐었다. 이런 때 주식에 투자하면 수익률을 높일 수 있다.

그런데 2020년에는 우리나라 코스피가 무려 31%나 올랐다. 고평가 영역에 들어섰다는 뜻이다. 주식시장 시가총액을 명목 GDP로 나눈 버핏 지수를 보면, 우리나라는 미국에 비해서는 상대적으로 낮지만 과거 평균보다는 높은 수준으로 올라 있다. 코스피 시장 기준으로 보면 2021년 말 버핏 지수가 107로 사상 최고치를 기록했다. 지난 10년 평균은 82였다.

주가가 오르면서 주식에 대한 기대수익률이 굉장히 높을 텐데, 2021년에 주가가 과대평가 영역에 들어선 만큼 기대수익률을 많이 낮추어야 할 때다. 우리나라 잠재성장률이 실질 기준으로 2% 이하로 떨어졌고, 물가를 고려한 명목 GDP 성장률은 3% 정도 된다. 따라서 우리나라 주가는 앞으로 장기적으로는 매년 4~5% 정도 오르는 데 그칠 것이다. 주식시장에서 기대수익률을 낮추는 시기인 것이다.

4~5% 정도의 기대수익률을 바라보면서 주식 투자를 하는 게 의미가 있는가? 이런 의구심을 갖는 사람도 있을지 모르겠다. 하지만 생각해보라. 은행에 예금하면 이자가 연 1% 정도인 시대에 4~5%는 결코 낮은 수익률이 아니다. 실제로 11년간(2011~2021년) 연평균 코스피 상승률이 4.1%였다.

: 수출 금액보다 앞서가는 주가

거시경제 변수 중에서 우리 주가와 상관계수가 가장 높은 변수가 일평균 수출 금액이다. 2005년 1월에서 2022년 3월 통계로 우리나라 일평균 수출 금액과 코스피 상관계수를 구했더니 0.85가 나왔다. 1에 가까운 수치로 거의 같은 방향으로 움직인다는 것이다.

문제는 2021년에 주가가 일평균 수출을 좀 앞서가고 있다는 것이다. 개를 데리고 산책하면 개가 앞서가고 주인이 뒤따라간다. 개가 주가, 주인이 일평균 수출 금액이라고 생각하면 된다. 그런데 2021년 4월에 코스피가 일평균 수출 금액보다 주가가 40% 정도 앞서가버렸다. 쉽게 말해 개가 주인보다 너무 앞서간 것이다. 그러면 주인이 목줄을 당길 수 있고 개가 주인이 잘 따라오는지 뒤를 돌아볼 수도 있다. 혹은 개가 주인 뒤로 돌아갈 수도 있다.

상황이 이렇기에 나는 2021년 하반기부터 주가가 많이 떨어질 수 있다는 경고를 했다. 실제로 코스피가 고점에서 20% 이상 하락했다. 물론 그사이에도 일평균 수출 금액은 증가세를 유지했다. 그 결과, 2022년 3월에는 코스피가 일평균 수출 금액을 4% 정도 과소평가하는 국면으로 접어들었다. 개가 후퇴해서 주인 뒤를 따르고 있는 셈이다.

우리 주가가 일평균 수출 금액을 과대평가한 적이 과거에도 있었다. 2007년 7월에 33% 정도 과대평가되었

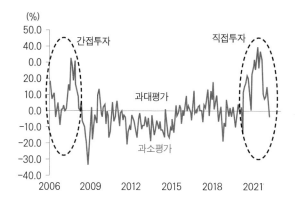

코스피와 일평균 수출 금액 관계

(%)

간접투자

직접투자

과대평가

과소평가

2006   2009   2012   2015   2018   2021

주: 과대평가 정도는 KOSPI를 일평균 수출금액으로 회귀분석하여 전차를 구한 것임
   (분석기간: 2005.1~2022.3)
자료: 산업통상자원부, 한국거래소

다. 2007년 무렵 우리나라 은행들이 수익원을 다변화해
야 한다며 은행의 저축성 예금을 주식형 펀드로 돌리는
'펀드 캠페인'을 했다. 그게 수수료가 더 높으니까. 그래
서 정말 많은 자금이 주식형 펀드로 왔다.

　당시 나는 한 은행 연구소 소장으로 근무했었는데 그
은행도 10조 원 주식형 펀드 캠페인을 해서 8조 원을 모았었다. 2008년 8월에 주식형 펀드가 무려 144조 원까지 갔을 정도로 은행들이 돈을 많이 모아놓았고 자산운용사들이 주식을 사서 주가가 그처럼 과대평가된 상태였다. 그러다 2008년 8월에 미국에서 글로벌 금융위기가 와서 주가가 폭락했고, 많은 펀드 가입자들이 실망하면서 주식시장을 떠났다. 2017년에는 주식형 펀드가 68조 원까지 절반으로 줄었다.

그런데 이번에는 성격이 좀 달랐다. 2007년에는 은행이 주식형 펀드를 모은 것이었고, 이번에는 '동학개미운동'이라는 말이 나올 만큼 수많은 개인이 주식시장에 참여하면서 주가가 과대평가 영역에 들어섰다. 그리고 2021년 하반기 이후 코스피가 20% 이상 떨어졌다. 2022년 3월 기준으로 주식형 펀드가 95조 원 정도를 유지하고 있지만, 2008년 8월의 144조 원에는 훨씬 못 미친다. 2009년 이후 주식형 펀드가 줄어든 것처럼 이번에도 주식시장에 실망한 일부 개인투자자들이 시장을 떠날 수 있다.

그러나 주가와 상관관계가 가장 높은 일평균 수출 금

액으로 보면 이제 주가는 저평가 국면에 접어들었다. 주가는 GDP와 함께 장기적으로는 오른다. 개인의 금융자산 중 주식 비중을 서서히 늘려야 할 시기가 도래하고 있다. 물론 우리 경제가 구조적으로 저성장 국면에 접어든 만큼 기대수익률은 낮춰야 한다.

： 배당 투자를 하라

과거에는 은행에 예금을 하면 주식 배당 수익률보다 훨씬 큰 이자를 얻을 수 있었다. 그러니 주식에 투자할 필요가 없었다. 그런데 지금 어떤가. 은행 이자보다 배당 수익률이 두 배 정도 더 높아졌다. 배당 투자를 꼭 해야 하는 이유다. 더불어 우리 기업들이 배당을 더 줄 수밖에 없는 환경이 전개되고 있다.

국민총소득GNI이 생기면 가계와 기업 그리고 정부가 나눠 가진다. 그런데 1997년 외환위기, 2008년 글로벌 금융위기를 겪으면서 가계 몫은 많이 줄어들었다. 다음 그래프를 보면 외환위기 전에는 가계 몫이 71% 정도였는데 최근에는 약 61%로 10% 포인트 정도 낮아졌다. 반면 기업 몫은 약 17%에서 26%로 약 9% 포인트 올라갔다. 가계는 상대적으로 가난해지고 기업은 부자가 됐다는 뜻이다.

따라서 기업 소득을 가계 소득으로 이전시키기 위해

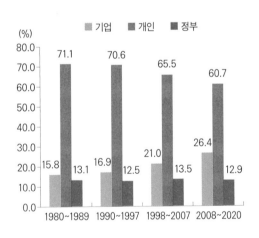

국민총소득 중 기업 비중 증가

주: 각 기간 중 GNI에서 차지하는 비중, 기업은 금융회사 포함
자료: 한국은행

나온 제도가 기업소득환류세제다. 이는 기업이 한 해 이익의 80% 이상을 투자, 배당, 임금 인상분 등에 사용하지 않으면 법인세로 추가 징수하는 제도다. 일종의 사내유보금 과세제도로 2015년에서 2017년 한시적으로 시행되었다. 쉽게 말해 정부가 기업들한테 '임금 올려달라, 고용 투자 늘려달라, 그렇지 않으면 배당금을 더 달라'고 요구한 것이다.

그런데 기업들은 임금을 올려주는 걸 꺼린다. 우리나라의 임금은 너무 하방 경직성이 강해서 근로자들이 임금 내리는 걸 받아들이지 않는다는 것이다. 앞으로 경기가 나쁘면 임금을 깎아야 할 때도 있을 텐데, 지금 많이 올려놓으면 깎아야 할 때 깎을 수 없다는 것이 기업의 입장이다. 우리 기업들은 투자도 그리 많이 늘리지 않고 있다. 2021년 기준으로 무려 919조 원의 현금성 자산을 가지고 있다는 것은 그만큼 투자를 늘리고 있지 않다는 의미다.

그래서 기업들이 배당을 더 줄 수밖에 없다. 사실 그동안 우리나라의 PER(주가수익비율)은 장기적으로 10배 안

퍄으로, 다른 나라보다 굉장히 낮았다. 미국 S&P500의 PER은 장기 평균이 한 16배, 우리보다 60% 높다. 우리 주가가 왜 저평가됐느냐? 물론 기업 지배구조 문제와 북한으로 인한 지정학적 리스크도 있지만 우리 기업들이 배당을 적게 줬기 때문이다.

기업의 당기순이익 중에서 배당금을 주는 비율을 '배당 성향'이라고 한다. 2019년까지는 우리 기업들의 배당 성향은 평균 17% 안팎이었다. 이처럼 배당을 적게 주니까 주가가 오를 수 없었다.

그런데 2020년부터 기업들이 배당을 많이 주기 시작하면서 배당 성향이 30%를 훨씬 웃돌고 있다. 사실 이것도 낮은 수준이다. 미국이나 영국 기업들의 경우 연도별로 다르지만 대부분 배당 성향이 50%에 가깝다. 중국 기업들의 배당 성향도 30% 이상으로 우리보다 더 높다. 이에 비하면 우리나라 기업들의 배당 성향이 아직 낮기 때문에 더 올라갈 여지가 있고, 이것이 주가가 한 단계 도약하는 계기가 될 수 있다.

따라서 나는 배당 투자는 꼭 해야 한다고 강조한다.

단 한꺼번에 사면 안 된다. 매달 은행 적금을 들듯이 월급을 받을 때마다 주식을 사면 배당 수익률이 훨씬 더 높아진다. 예를 들어 KT의 배당 수익률이 매년 4~5%이고 포스코도 4% 안팎이다. 이들 회사의 PER이나 PBR(주가순자산비율)도 높지 않다. 그런 주식을 사서 배당을 받으면 은행 이자보다 훨씬 높은 수익률을 올릴 수 있다.

참고로 장기적으로 환율이 떨어지면 우리나라 주가도 오른다. 그래서 환율이 떨어진다는 것은 우리 경제가 그만큼 신뢰를 받는다는 것이고 경상 흑자가 많이 늘어난다는 것이다. 환율이 떨어질 때는 수출주보다는 내수주들이 상대적으로 더 많이 오른다.

우리가 미국 주식에 투자 많이 하고 있지만, 앞서 말했듯 그동안 글로벌 금융시장의 흐름을 보면 어떤 시장에서 거품이 발생했다가 붕괴되는 과정이 반복된다. 지난 10년간은 미국 주가가 많이 올랐다. 미국 정부가 양적 완화를 하면서 주가에서 거품이 발생한 것이다. 이 거품이 꺼지면 회복하기까지 아주 오래 걸릴 것이기 때문에 미국 주식에 투자하는 것은 주의할 필요가 있고 비중을 좀 낮추는 걸 권한다.

또한 다음 거품이 발생할 곳은 아시아로, 중국의 전기차 시장을 비롯해 인도나 베트남 같은 시장에서도 거품이 발생할 수 있다. 따라서 아세안 지역이나 다양한 투자처로 자산 배분을 하기를 추천한다.

: 선행지수와 물가를 보면서 주식투자 비중 결정해야

경제와 주식시장에는 사이클이 존재한다. 이 사이클에 따라 주식과 채권을 포함한 금융자산을 적절히 배분해야 한다.

경기국면을 미리 판단하는 데 가장 중요한 지표는 경기선행지수와 물가상승률이다. 경기선행지수가 하락하고 물가가 상승하는 국면은 경기 확장의 후반이다. 이때는 현금 비중을 늘려야 한다. 금리가 오르면서 채권 가격과 주가가 동시에 하락하기 때문이다. 경기침체 국면에서는 선행지수와 물가가 같이 떨어진다. 이 국면에서는 시장금리가 하락하기 때문에 채권투자 비중을 확대해야 한다. 선행지수가 증가세로 돌아서고 물가가 오르기 시작하면 경기는 확장국면에 들어선다는 의미다. 이 시기에는 주식투자 비중을 적극적으로 늘려야 할 것이다.

2021년 하반기부터 필자는 금융자산 가운데 주식 비중을 줄여야 한다고 주장했다. 통계청에서 발표하는 경기선행지수(전년동월비 기준)가 2021년 5월 고점으로 계속 하락할 것으로 보았기 때문이었다. 여기다가 지난해 하반기부터 물가가 가파르게 오르고 있다. 물가가 상승하면 금리도 그만큼 오른다. 선행지수 하락으로 경기둔화가 예상되는 가운데 물가가 상승하면 주가는 오르기 힘들다.

선행지수 변동률과 소비자물가 상승률의 차이로 주가 방향을 전망해볼 수 있다. 2008년 1월에서 2022년 3월 사이의 통계를 분석해보면 이들 사이에는 상관계수가 0.71로 상당히 높게 나왔다. 2021년 하반기 이후 선행지수와 물가 차이가 급격하게 줄어들었는데, 이는 선행지수

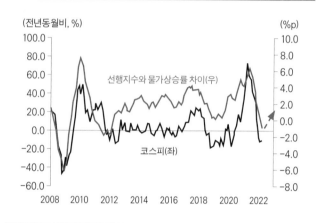

선행지수와 물가상승률의 차이

(전년동월비, %)   (%p)

선행지수와 물가상승률 차이(우)

코스피(좌)

2008 2010 2012 2014 2016 2018 2020 2022

주: 선행지수와 근원소비자물가지수의 전년동월비 변동율의 차이
자료: 통계청, 한국거래소

가 하락하고 물가는 상승했기 때문이었다. 이 시기에 코
스피도 같이 떨어졌다.

2022년 하반기 들어서는 선행지수 하락률이 둔화하
거나 물가 상승률이 낮아지면서 이들 차이가 확대될 수
있다. 특히 하반기 후반으로 갈수록 물가 상승률이 떨어
지면서 그 차이가 커질 것으로 전망된다. 과거 통계를 보
면 선행지수순환변동치가 꺾이고 난 다음 8개월 이전에

경기가 정점을 치고 수축 국면으로 들어섰다. 하반기에는 수요가 둔화하면서 물가상승 압력이 점차 줄어들 것이다.

OECD에 따르면 OECD 경기선행지수도 2021년 7월을 정점으로 2022년 3월까지 계속 하락했다. 선진국 중심으로 세계 경제성장률이 낮아질 것을 시사하고 있다. 그렇게 되면 각종 원자재 수요도 줄어들면서 국제유가 등 주요 원자재 가격이 안정될 것이다. 공급 측면에서도 물가상승 압력이 줄어들 것이라는 이야기다. 여기다가 한국은행의 네 차례 금리 인상도 물가 안정 요인으로 작용할 전망이다. 금리 인상은 6개월 정도의 시차를 두고 소비와 생산을 감소시키는 것으로 나타났다.

2022년 하반기는 선행지수 하락률이 둔화하는 가운데 물가상승률이 점차 낮아지는 경기수축 국면이다. 이를 반영하여 조만간 장기 금리가 먼저 하락세로 전환할 전망이다. 장기채 중심으로 채권투자를 늘려야 한다는 뜻이다.

선행지수와 물가상승률 차이의 확대에 따라 주가도

어느 정도 반등할 것으로 보인다. 물론 경기가 수축국면에 있기 때문에 아직은 주가의 추세적 상승을 기대하기에는 이른 시점이다.

12 / 부동산은 불패_{不敗}일까?

: 집은 투자재인가, 소비재인가

부동산 가격도 많이 올랐다. 국민은행이 조사하는 주택가격 통계에 따르면 아파트 가격이 2009년 3월을 저점으로 2022년 3월까지 상승세가 이어졌다. 이 기간에 전 도시 평균 아파트 가격이 74% 상승했다. 서울 아파트 가격(72%)도 많이 올랐지만, 부산(110%), 대전(107%), 대구(104%) 등의 지방 대도시 아파트 가격이 더 많이 상승했

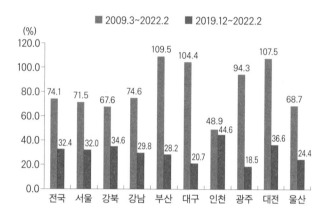

주요 도시 아파트 가격 상승률 비교

■ 2009.3~2022.2 ■ 2019.12~2022.2

자료: KB국민은행

다. 최근 2년 동안은 인천의 아파트 가격이 급등했다.

그런데 우리는 왜 서울만 가지고, 특히 강남만 가지고 말할까? 2022년 3월 기준으로 보면 서울 아파트 평균 가격이 12억 7,000만 원(강남 15억 2,000만 원)이고 부산과 인천이 4억 6,000만 원, 대전 4억 3,000만 원, 대구 4억 1,000만 원, 울산이 3억 4,000만 원, 광주 3억 2,000만 원 정도다. 서울과 지방의 절대적인 차이가 너무 큰 것이다. 서울에서 살다가 부산, 대구, 광주 등으로 가면 8~9억 원이 남는 셈이다.

내 후배는 서울에서 근무하다가 스스로 지원해서 광주지점으로 갔다. 훨씬 더 큰 집과 좋은 차를 갖고 좋은 공기를 누리고 있다고 말한다. 맛있는 음식도 서울보다 많다는 말도 덧붙인다. 역시 생각의 문제인 것 같다.

사실 우리나라 집값만 이렇게 오른 게 아니라 전 세계적으로 집값이 많이 올랐다. 이 역시 양적완화로 인해 시중에 많이 풀린 돈의 힘이다. 특히 미국이 우리보다 더 많이 올랐다. 미국 케이스-실러 20대 도시주택가격 지수에 따르면 2012년 3월부터 2022년 1월까지 114%나 상승했다. 전 세계적으로 집값이 많이 오른 것을 다른 측면에서 생각하면 그만큼 거품이 발생했다고 볼 수 있다.

：부동산 가격에 조정이 오는 시기

부동산 가격의 상승세가 지속될 것이냐 여부가 많은

사람의 큰 관심사일 것이다. 이를 예측해보기 위해 주택 가격의 추이에서 잔 변동을 제거해버리고 장기 변동을 구해봤더니 다음 그래프와 같았다.

전국 아파트 가격 상승률로 보면 2022년 1월을 정점으로 2월부터 꺾이는 것으로 나타났다. 도시별로 보면 대구가 2021년 9월에 정점을 쳤고, 서울 강북도 그해 10월을 정점으로 상승률이 둔화 추세로 접어들었다. 다

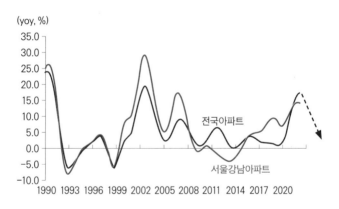

아파트 가격 2022년 하락 전환 예상

주: H-P 필터로 주택 가격의 장기 추이를 추정하고 이의 전년동월비 변동률을 구한 것임
자료: 국민은행

른 도시도 대부분 추세 전환 시점을 지났거나 조만간 그 시점이 올 것으로 내다본다. 2022년 하반기에는 가격 수준 자체가 하락 추세로 접어들 가능성이 커 보인다. 부동산 가격이 한번 하락세로 전환하면 한 방향으로 꽤 오랫동안 지속된다.

'강남 아파트 가격은 떨어진 적이 없다, 불패다'라는 말을 많이 한다. 그런데 강남 아파트 가격은 올라갈 때는 더 많이 올라가고, 떨어질 때는 더 많이 떨어진다. 공급이 비탄력적이기 때문이다. 수요 상황에 따라 수요가 늘어나면 많이 올랐다가 수요가 줄어들면 급락할 수 있는 것이다.

주가와 부동산을 비롯한 모든 자산 가격에는 사이클이 있다. 일본의 사례를 보면 1976년부터 1990년까지 주택 가격이 상승했다. 1980년대 중후반에 일본 집값이 더 오른 것은 앞서 설명한 플라자 합의 때문이었다. 일본 엔화의 가치가 오르면서 수출 기업들이 아우성을 쳤고 일본 정부 중앙은행이 돈을 많이 풀었다. 그러자 집값도 폭등했다.

그러나 집값 상승은 1990년에 정점을 찍고 곤두박질 쳤다. 일본 역시 인구와 집값 사이에 상당히 밀접한 연관성이 있었던 것인데, 대학 졸업하고 취업해서 결혼하고 애 낳고 집을 늘려가는 세대, 즉 35~55세 인구도 1990년 정점을 찍었다. 그 후 중앙은행이 금리도 올리고 35세~55세 인구가 줄어들면서 주택 가격이 폭락했다.

1980년대에서 1990년 초반까지 집값이 폭등했으니 일본 사람들은 집을 투자재라고 생각했다. 그런데 집값이 폭락하고서 2년 후부터는 집은 투자재가 아니라 소비재, 즉 집은 단순히 사는 곳이라는 식으로 인식이 바뀌었다.

전 김현미 국토교통부 장관이 늘 하던 이야기가 '집은 사는 것貝이 아니라 사는 곳居'이라는 것이었다. 투자재가 아니라 소비재라는 뜻이다. 우리나라 집값은 계속 올라가니 투자재라고 생각하겠지만, 우리도 생각을 서서히 바꿀 때가 오고 있다.

우리나라도 2010년 전후에 집값과 전세 가격이 크게 떨어진 적이 있었다. 그때 나도 서울의 한 아파트에서 전

세살이를 하고 있었는데 집값이 전세 가격 밑으로 떨어져서 전세금을 돌려받지 못할까봐 전전긍긍했었다. 이런 사이클이 항상 존재했기에 앞으로 4~5년이 지나면 또 이런 현상이 발생할 수 있다고 본다.

우리나라 아파트 가격을 결정하는 요소는 과연 무엇일까? 초기에는 금리와 대출이 영향을 주는 게 사실이다. 그런데 6개월, 12개월이 지나면 금리나 대출보다 훨씬 더 집값에 영향을 주는 게 경기다.

우리 정책 당국은 금융불균형이 심각하게 발생한 것으로 보고 있다. 부채 특히 가계 부채가 너무 빠르게 늘고 자산 가격, 그중에서도 집값이 과도하게 올랐다는 것이다. 이를 해소하기 위해 한국은행은 기준금리를 올리고 금융위원회는 가계 대출을 규제하고 있다. 금리 상승이나 대출 규제가 초기에 집값을 하락시키는 중요한 요인이 될 것이다.

그다음에는 경기가 집값 하락 추세를 가속화할 수 있다. 현재의 경기를 나타내는 대표적인 지표가 동행지수순환변동치다. 동행지수순환변동치는 6개월, 12개월 후의 집값을 굉장히 많이 설명해준다. 2021년 7월부터 선행지수순환변동치가 하락 추세로 전환했고, 이로 미뤄보면 동행지수순환변동치도 조만간 꺾일 것이다. 따라서 2022년에는 집값이 하락세로 전환할 가능성이 상당히 크다.

물론 집이라는 것은 꼭 한 채는 있어야 한다. 원리금을 상환할 능력이 있으면 돈을 빌려서라도 '살 집' 한 채는 가지고 있는 게 좋다. 하지만 갚을 능력이 부족한데 무리하게 대출을 받아 부동산에 투자할 시기는 아니라고 본다.

: 고령화가 부동산에 미칠 영향

우리나라의 인구구조에서 고령화가 심각하게 빨리 진행되고 있다. 65세 인구가 차지하는 비중이 7%를 넘으면 고령화사회, 14%를 넘으면 고령사회라고 한다. 우리나라가 고령화사회에서 고령사회로 가는 데 13년밖에 걸리지 않았다. 우리나라에 앞서 가장 빨리 고령사회가 됐다는 일본도 24년이 걸렸으니, 역사상 이렇게 빨리 고령사회가 된 나라가 없다.

2050년이 되면 인구의 거의 절반 이상이 65세 이상일 것이다. 1960년대 초, 우리나라 1인당 국민소득이 100달러 수준이었을 때는 너무 가난해서 아이들을 고아원에 맡기는 일도 있었다. 그런데 지금은 노인 요양시설에 일손이 부족해서 난리라고 하니, 앞으로 얼마나 더 심각해질지 걱정되지 않을 수 없다.

얼마 전에 서울 리움 미술관에 갔다가 한 작품을 봤는데, 의미 있는 통계를 담은 작품이었다. 1955~1963년에 태어난 사람이 715만 명 정도인데, 이들을 1차 '베이비붐 세대'라고 한다. 그리고 이들의 자녀로, 1979~1992년에 태어난 약 950만 명을 '에코 시대'라고 부른다. 1차 베이비붐 세대는 아주 어렵게 자랐지만 취업을 할 때는 정말 좋았다. 3저 호황도 있었고 일자리가 많았기 때문이다. 이 사람들이 열심히 일해서 우리나라 1인당 국민소득을 3만 달러로 끌어올리는 데 크게 기여했다.

이들은 좋은 환경에서 공부를 못 했으니 자녀교육에 굉장히 많이 투자했다. 그리고 부모님을 모시던 세대다. 그런데 정작 중요한 자기 노후는 별로 준비가 안 되어 있고 자녀들이 독립된 생활을 못 하는 경우가 많다.

최근 통계는 없지만 2015년 기준으로 이들이 가지고 있는 평균 자산이 전국 평균 3억 2천이었고 서울 평균은 5억 3천이었다. 물론 그 뒤로 집값이 두 배 올랐기 때문에 이들 평균 자산도 10억 원이 넘었을 것이다. 문제는 이들이 그 아파트를 하나만 가지고 은퇴한다는 것이다. 이는 은퇴한 베이비붐 세대의 소비 여력이 크지 않다는 것을 의미한다.

또한 독립적인 생활 기반을 마련하지 못한 에코 세대가 집을 살 여력도 크지 않다. 이런 측면에서 보면 우리 경제가 소비 중심으로 저성장을 하고 집값도 장기적으로 하락할 가능성이 큰 것이다.

물론 부동산에서 중요한 것은 부동산 전문가들이 말하듯 첫째도 위치, 둘째도 위치, 셋째도 위치다. 그래서 위치가 좋은 부동산은 가격이 계속 올라갈 거라고 생각할 수도 있을 것이다. 하지만 평균적으로는 일본처럼 집이 투자재에서 소비재로 가는 전환의 시기가 아닌가 싶다. 부동산에 대해 장기적으로 다시 한번 생각해볼 필요가 있다.

13 / 자산을 어떻게 배분할 것인가

: 가계 자산의 재조정: 실물에서 금융자산으로

통계청과 한국은행은 매년 가계금융복지조사 결과를 발표한다. 이에 따르면 우리나라 가계의 자산 가운데 77%가 실물 자산, 주로 주택이다. 금융자산은 23%밖에 안 되는데 금융자산에는 전월세 보증금도 들어가므로 이를 제외하면 실제 금융자산은 17%에 불과하다. 이것은 너무 낮은 수치라고 생각한다.

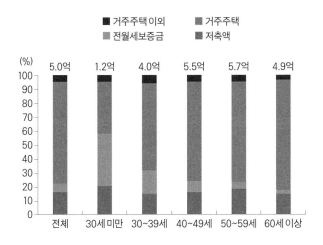

연령대별 가계 금융자산과 배분

■ 거주주택 이외　　■ 거주주택
■ 전월세보증금　　■ 저축액

(%)

	전체	30세 미만	30~39세	40~49세	50~59세	60세 이상
	5.0억	1.2억	4.0억	5.5억	5.7억	4.9억

자료: 통계청, 한국은행

　특히 50대 후반에서 60대의 경우 실물자산 비중이 80%가 넘는다. 실물 자산은 갈수록 유동성이 떨어지는 자산이 될 것이기에 실물자산을 좀 줄이는 대신 금융자산을 늘리라고 권하고 싶다. 금융자산 중에서도 배당 투자를 꼭 해야 하고, 해외 투자도 필요하다. 앞에서 말했듯 그동안은 해외 투자 중 미국 투자가 대세였지만 앞으로는 아시아의 시대가 올 것이다.

참고로 우리나라 비금융부문(가계, 금융을 제외한 법인, 정부)이 가지고 있는 금융자산이 2021년 말 1경 701조 원이었다. '경'이라는 숫자는 0이 16개다. 이 얼마나 복잡한가? 그래서 리디노미네이션redenomination, 즉 화폐단위 변경을 해야 한다는 이야기가 나오는 것이다. 물론 화폐 단위를 변경하면 심리적으로 불안정을 초래하고 인플레이션이 발생할 수 있으며 비용도 많이 든다. 하지만 비용보다 생산 유발 효과가 더 클 것이라는 분석도 많다. 우리 수출 규모가 세계 7위인데 1달러당 1,200원이라는 환율 단위는 너무 크지 않은가.

최근 넷플릭스 시리즈 〈오징어 게임〉이 전 세계적인 인기를 끌면서 포털사이트인 구글에서 원화 환율에 대한 검색 건수가 폭증했다고 한다. 세계인들은 〈오징어 게임〉을 보면서 너무 재미있어서 한 번 놀랐고, 한국 원화 단위가 미국 달러의 1,200분의 1밖에 되지 않는다는 데 또한 번 놀랐다고 한다. 특히 미국인에게 '백만' 달러는 새 집을 두 채나 살 수 있는 돈이니(2021년 말 신규주택 평균 가격이 48만 달러였다), 한국의 백만 원은 1,000달러보다 적은 금액이라는 걸 알고 놀라지 않을 수 없었을 것이다.

: 금융자산의 적정 비율은?

우리나라 개인이 금융자산을 어떻게 배분하고 있는지 보자. 2021년 말 현재 우리나라 개인이 가지고 있는 금융자산이 4,925조 원이었다. 이중 현금과 예금에 43.4%, 보험과 연금에 30.4%, 채권에 2.3%, 주식에 23.0% 맡기고 있다. 이런 비중은 국가마다 상당히 차이가 있다.

우선 일본의 경우 은행 금리가 0%대인데도 개인들이 금융자산의 54%를 은행에다 맡기고 있다. 그 이유는 두 가지다.

첫 번째는 디플레이션으로 물가가 떨어졌기 때문이다. 0% 금리를 받더라도 물가가 마이너스(-) 1~2%라면 실질 금리는 플러스(+) 1~2%가 된다. 물가가 떨어지니까 0% 금리를 받더라도 금융 상품의 실질 가치가 올라가는

개인 부문의 자금 운용

(단위: 조 원, %)

	2016	2017	2018	2019	2020	2021.3Q
금융재산	3,391	3,669	3,735	3,982	4,537	4,846
현금 및 예금	1,481	1,582	1,655	1,783	1,968	2,088
비중	43.7	43.1	44.3	44.8	43.4	43.1
보험 및 연금	1,079	1,165	1,229	1,308	1,399	1,460
비중	31.8	31.8	32.9	32.8	30.8	30.1
채권	172	156	157	144	149	129
비중	5.1	4.2	4.2	3.6	3.3	2.7
주식 및 투자펀드	642	749	675	722	986	1,129
비중	18.9	20.4	18.1	18.1	21.7	23.3

자료: 한국은행

것이다.

두 번째는 일본의 인구 고령화 때문이다. 일본 사람들이 평균 67세에 상속을 받는다고 한다. 노인이 되어 상속받은 돈으로 주식이나 채권에 투자하기보다는 은행에 맡겨놓고 쓰다가 다시 후손에게 물려주는 것이다.

한편 미국 개인들은 금융자산의 54%, 절반 이상을 주식에 투자하고 있다. 은행에는 13% 맡기고 있다. 우리나

한·미·일 개인의 금융자산 운용비교

(단위: %)

	금융자산	현금및예금	채권	주식	보험및연금	기타
한국	4,846조 원 (4.1조 달러)	44.1	2.7	23.3	30.1	0.88
일본	2,000조 원 (18.0조 달러)	53.6	1.4	15.4	26.9	2.7
미국	114.1조 달러	12.7	3.3	53.3	28.9	1.8

자료: 한국은행, 일본은행, The Federal Reserve Board, 자금순환계정

라는 미국보다는 일본에 훨씬 더 가까운 방향으로 가고 있는 것이다.

우리나라 추이를 보면 주식 비중이 2007~2008년에 25%까지 갔었다. 그때 무슨 일이 있었느냐 하면, 은행들이 수익원을 다변화해야 한다고 가계 저축성 예금을 주식형 펀드로 돌렸다. 은행이 가계의 돈을 모아주니까 자산운용회사들이 주식을 사고 주가도 오르고 가계 주식 비중도 상승한 것이다.

그러다 2008년 글로벌 금융위기가 오면서 144조 원까지 모였던 펀드가 한때 68조 원까지 떨어졌다. 주가도 떨

어지면서 주식 비중이 19% 정도까지 떨어졌다. 그리고 2020년에 동학개미운동이라는 현상이 벌어지며 다시 주식 비중이 커지고 있다. 개인이 주식도 많이 사고 주가도 올랐기 때문이다. 2021년에 주식 비중이 거의 23%까지 높아졌는데, 나는 금융자산의 25% 정도는 주식에 투자해야 한다고 생각한다. 우리 경제가 구조적으로 저성장, 저금리 시대에 접어들었기 때문이다. 다만 길게 보고 투자해야 한다는 것을 다시 한번 강조하고 싶다.

내가 걱정하는 것은 미국이다. 미국 가계의 금융자산 중에서도 주식 비중이 54%라고 했는데 과거를 보면 이처럼 주식 비중이 올라가면 미국 주가가 많이 떨어졌다. 예를 들어, 2000년 IT 거품 붕괴 직전에 미국 개인 금융 자산 중 주식 비중이 48%에 달했다. 그리고 거품이 꺼지면서 이 비중도 급락했다. 2008년 글로벌 금융위기 직전 주식 비중이 47%였는데 지금 주식 비중이 그때보다 큰 54%에 달한다. 이건 무슨 뜻일까? 주가가 많이 올랐든지, 미국 사람들이 주식 수량을 많이 보유하고 있든지, 둘 중 하나라는 뜻이다.

이렇게 주식 비중이 높으니 미국 사람들이 더 이상 주식 비중을 늘리지는 않을 것이라고 본다. 그래서 계속 강조하다시피 현재 미국 주식시장 거품 수준이 2000년이나 2008년보다 더 심각하다는 것이다. 그러므로 현재 미국 주식 투자를 계속 늘리고 있다면 다시 한번 생각해볼 필요가 있다.

: 젊은 사람은 노후를 대비한 투자가 필요하다

이 책을 보는 여러분도 매월 월급을 받을 때마다 일부로 국민연금을 낼 것이다. 노후를 위해서다.

2021년 말 기준으로 국민연금은 약 948조 원을 운용하고 있는데, 크게 보면 채권에 43%, 주식에 45%가량을 투자하고 있다. 그런데 국민연금 자산 중에서 가장 큰 변화가 해외 주식 비중이다. 예를 들어 2005년에 해외 주식 비중이 0.4%였고 2010년에는 6.2%였다. 그러나 2021년에는 27.1%로 국내 주식 비중인 17.5%보다 훨씬 더 크다. 국민연금이 해외 주식을 많이 사고 있다는 뜻이다. 왜 그럴까?

국민연금 규모가 엄청 커진 데 비해 국내 주식시장 규모는 그리 크지 않기 때문이다. 만약 국민연금이 우리나라 주식만 샀다면 우리 주가가 많이 올랐을 것이다. 그런데 나중에 무슨 문제가 발생할까? 국민연금을 내주려면 이 주식을 팔아야 할 텐데, 국민연금이 대량으로 주식을 팔아버리면 주가가 하락하면서 심각한 문제가 발생할 수밖에 없다.

또 다른 이유도 있다. 우리 주가가 2020년에는 많이 올랐지만 2011년부터 2019년까지는 '박스피'라고 불릴 정도로 오르지 않았기 때문에 더 높은 수익을 얻기 위해 해외 주식 투자를 늘린 것이다.

국민연금은 1988년부터 자금을 운영하고 있는데 주식 투자 연평균 수익률이 10%가 넘는다. 1% 저금리 시대에 10%라면 굉장히 높은 수익률이다. 그런데 국민연금은 돈을 벌 수밖에 없는 구조다. 예를 들어 2020년 3, 4월에 주가가 폭락했다. 이때 국민연금 입장에서는 국민이 내는 돈은 계속 들어오는데 주가가 폭락하니, 결국 가지고 있는 주식 비중이 확 줄어드는 셈이 된다. 국민연금은 '매년 주식 비중을 몇 % 가지고 있어야 한다'는 목표를 설정하는데 그 비중이 줄어드니까 주식을 더 살 수밖에 없는 것이다.

반면 주가가 많이 오르면 국민연금을 주식을 팔 수밖에 없다. 예를 들어 국민연금이 우리나라 주식의 비중을 20%로 설정해놓았다면 2020년에 우리 코스피가 31%나 올랐으니 우리 주식 비중이 목표 수준보다 올라가버리는 것이다. 그러면 거기에 맞춰 우리 주식 비중을 낮추기 위해 주식을 팔게 된다. 이처럼 주가가 오를 때 팔고 떨어질 때 사니까 국민연금은 수익률이 높을 수밖에 없는 것이다.

게다가 국민연금이 사는 주식은 세계를 대표하는 기업, 한국을 대표하는 기업, 시가총액이 큰 기업들이다. 물론 중소형 주도 살 수는 있지만 대부분 좋은 기업의 주식을 사서 오래 가지고 있으니 수익률이 더 높다.

여기서 먼 미래를 한번 생각해보자. 국민연금의 규모

는 계속 늘어나고 있다. 국민연금 재정추계위원회에서는 5년마다 국민연금 규모를 추정하는데, 가장 최근에 추정한 바에 따르면 2041년에 1,778조 원 정도로 고점을 친 후 줄어들 것이라고 한다. 그리고 2057년이 되면 국민연금이 고갈된다는 것이다. 이유는 앞서 설명한 인구 고령화 때문이다. 국민연금을 받을 사람은 늘어나고 일할 사람은 상대적으로 줄어든다.

또한 지난 21년 동안 국민연금 평균 수익률을 보니 6.4%로 5.8%인 명목 GDP 성장률보다 조금 높았다. 그런데 우리나라 잠재성장률이 계속 떨어지고 있다. 실질 잠재성장률은 2% 정도이고 물가를 고려하면 명목성장률은 3% 정도 된다. 그러면 국민연금 수익률이 앞으로 4%만 돼도 선방하는 시대가 도래할 것이다.

결국 젊은 사람들은 연금을 더 많이 내고 나중에 덜 받을 가능성이 크다. 사회적 논의가 필요한 시점이다. 또한 개인은 스스로 미래에 대비해 다른 투자나 저축을 통해 부를 축적할 필요가 있다.

: 부동산보다 주식 투자가 좋은 이유

장기적으로 보면 집값도 오르고 부동산 가격, 특히 아파트 가격도 오른다. KB국민은행은 1986년부터 아파트 가격 지수를 발표해왔는데 2022년 3월까지 아파트 가격이 6배 정도 올랐다. 강남 아파트 전체 지수는 1986년부터 9배 정도 올랐다. 그동안 우리나라 주가는 17배가 올랐다. 우리나라를 대표하는 전기전자업종의 주가는 거의 100배 가깝게 올랐다.

집을 사면 오래 가지고 있으면서 주식은 오래 못 가지고 있는 사람이 많다. 오르면 조금 올랐다고 팔고, 떨어지면 불안해서 판다. 그러나 주가는 장기적으로 오른다. 물론 좋은 주식이어야 하고, 장기 투자를 해야 한다. 20년간 증권회사에서 일했고 30년 가까이 주식을 분석하고 투자해오면서 내가 내린 결론은 하나다. 주식시장에서 돈 버는 방법은 그냥 좋은 주식을 오래 가지고 있는 것이다.

나도 삼성전자 주식을 가지고 있다. 물론 9만 5천 원까지 오를 때 비중을 좀 줄였고, 7만 5천 원까지 떨어질 거라고 예측했었는데 그것보다 더 떨어졌다. 이런 때를 대비해 인버스 ETF를 통해 리스크 관리를 한다. 삼성전자 주식이 떨어진 만큼 인버스 ETF가 상승해서 메꾸는 식이다. 그리고 삼성전자 주가가 충분히 떨어졌다고 생각될 때 인버스 ETF를 팔고 삼성전자 주식을 더 살 것이다.

어느 방송을 통해 두 증권회사에서 데이터를 받아 분석한 적이 있다. 세대별 투자자들의 수익률을 보니 2020년에 주가가 많이 올랐는데도 20~30대의 수익률이 제일 낮았다. 왜 그럴까? 20~30대는 단기 투자를 많이 했다는 걸 알 수 있었다. 그도 그럴 것이 20~30대는 축적된 금융자산이 많지 않아서 돈을 빨리 불려야겠다는 욕심이 크게 마련이다. 그래서 대출까지 받아 소수 종목에 집중 투자하는 모습이 많이 나타났다. 물론 그렇게 해서 성공할 수도 있지만 큰 손실을 볼 수도 있다.

또한 집을 살 때는 20~30년짜리 대출을 받을 수 있지만 주식을 살 때는 장기로 돈을 빌릴 수가 없다. 보통 증권회사에서 빌려주는 신용대출의 상환기간은 3개월, 6개월, 9개월에 불과하고 이자도 굉장히 높다. 그 돈을 빌려 투자를 하니 단기 투자를 할 수밖에 없다.

2부에서 말했듯 우리나라는 구조적으로 저금리 시대로 들어가므로 주식 배당 투자는 꼭 해야 한다. 게다가 지금 20~30대는 100세까지 살 테니 좀 더 멀리 보고 투자해야 한다. 절대 단기에 큰 욕심을 내지 말라고 말하고 싶다. 그러면 반드시 성공할 것이다.

14 / 코로나19 이후 세계 질서의 변화와 기업의 대응

: 새로운 질서의 시작

코로나19가 창궐해 전 세계를 뒤엎은 지 2년이 지났다. 과연 코로나19가 글로벌 사회 및 경제 질서에 무엇을 남겼을까? 이에 대해 나의 책 『그레이트 리셋』에 실은 내용을 여기서도 공유하고자 한다.

첫째, 세계화의 후퇴다. 코로나19 이전에 세계는 '글로벌라이제이션Globalization'라는 말이 상징하는 것처럼 촘

촘히 엮여 있었다. 경제적 측면에서는 세계공급망GVC, Global Value Chain에 의해 상품을 가장 저렴하게 생산할 수 있는 곳에서 수요가 있는 곳으로 자유로운 교역이 이루어졌다. 사람들의 이동도 비교적 자유로웠다.

그러나 코로나19가 제트기의 속도로 전 세계에 확산되었다. 일부 국가는 국경을 봉쇄했다. 상품 이동도 자유롭지 못하게 되었다. 그래서 교역을 통해서 얻을 수 있었던 상품을 국내DVC, Domestic Value Chain에서 혹은 인접 지역RVC, Regional Value Chain에서 생산해야 한다는 방향으로 변하고 있다. 미국 바이든 정부의 '바이 아메리칸Buy American' 정책도 여기서 벗어나지 않는다.

둘째, 자유와 안전의 충돌이다. 미국의 자유의 여신상은 한마디로 '자유'를 상징한다. 한편 중국의 만리장성이 의미하는 것은 '안전'이다. 자유를 강조하는 미국에서 2022년 3월 5일 현재까지 코로나 확진자가 7,800만 명을 넘어섰고, 사망자도 95만 명에 이르고 있다. 그러나 안전을 강조하는 중국에서는 확진자 4,600명, 사망자 11만 명으로 피해가 훨씬 적다. 이른바 '선진화의 역설'이다. 미국은 민주주의를 기반으로 자유와 인권을 강조하면서 2차 세계대전이후 세계 패권국이 되었다. 그러나 코로나는 자유와 안전의 균형을 요구하고 있다.

셋째, 코로나는 디지털 시대를 가속화하고 있다. 아날로그는 '접촉'이고 디지털은 '접속'이라 할 수 있는데, 많은 일이 접속을 통해 이뤄지고 있다. 재택근무의 일상화가 그 예다. 가정에서 필요한 생필품 구입도 접속을 통해 대부분 가능해졌다.

넷째, 저탄소 경제로의 전환이다. 과거의 무슨 일을 하기 위해서는 자동차, 버스, 기차, 비행기 등 교통수단을 활용하여 몸이 직접 가야 했다. 이를 '트랜스포트Transport' 사회라고 한다. 이에 비교되는 단어가 '텔리포트Teleport' 사회다. 사적이거나 공적인 많은 일이 사이버 세상에서 이루어지고 있는 것이다. 이처럼 이동이 줄어들다 보니 상대적으로 원유 등 화석연료를 덜 쓰는 저탄소 경제로 전환하고 있다.

다섯째, 'ESG' 경영 등 기업 경영 환경의 변화다. ESG란 환경Environment, 사회Social, 지배구조Governance를 아우르는 개념이다. 코로나19로 인해 기후 변화나 탄소배출 등 환경 문제가 더욱 부각했다. 또한 경제 주체 간 혹은 주체 내의 차별화 심화로 기업의 사회적 책임도 더 커졌다.

여섯째, 헬스케어 산업의 발전이다. 인류가 오랫동안 직면한 문제는 기아, 역병, 전쟁이었다. 다행히 그동안 경이로운 경제성장과 세계화로 이 문제를 상당 부분 극복해왔다. 성공이 야망을 잉태하는 것처럼 인류는 불멸, 행복, 신성화를 추구하고 있다. 그러나 코로나라는 역병은 수많은 사람의 생명을 앗아갔고 행복할 권리를 제한했다. 코로나를 극복하는 과정에서 의학은 한 단계 더 발전할 것이며, 사람들은 이전보다 건강에 더 관심을 갖게 될 것이다.

일곱째, 부의 불균형 심화와 큰 정부의 출현이다. 코로나로 경기가 침체하고 회복되는 과정에서 부자(특히 자산 보유자)는 더 부자가 되고 빈자는 더 가난해졌다. 이른바 'K'자형 경기 회복이다. 과거 역사를 보면 소득 불균형이 극단적으로 심화하면 전쟁, 혁명, 전염병으로 인해 해결되는 경우가 많았다.

전염병이 소득 불균형을 해소하는 이유는 뭘까? 14세기 '흑사병'에서 경험한 것처럼 전염병은 수많은 사람을 사지로 내몰았다. 전염병이 지나갔을 때 기업은 노동력 부족 때문에 실질 임금을 올려주면서 근로자를 고용했다. 의료 과학의 발달과 인류의 현명한 대처로 이번 코로나는 흑사병에 비해 피해 정도가 훨씬 작다. 그러나 이번에 소득불균형이 해소되지 않으면 또 다른 역병이 올 수도 있다.

또한 소득 불균형의 심화는 큰 정부를 초래한다. 정부가 각종 제도나 세제를 통해 소득 불균형을 해소하려 할 것이기 때문이다. 큰 정부는 상대적으로 국제기구의 역할 축소를 의미한다.

여덟째, 부채와 자산 가격의 거품 문제도 해결하고 넘어가야 할 과제다. 2008년 미국에서 발생한 금융위기가 전 세계로 확산하면서 경기가 침체에 빠졌다. 각국 정부와 중앙은행의 과감한 재정 및 통화정책으로 세계 경제는 어느 정도 회복되었으나, 이 과정에서 각 경제 주체의 부채가 크게 늘었다. 부채를 조정해야 할 시점에 코로나19가 발생했다. 세계 경제는 1930년대 이후 최악의 침체에 빠졌고, 각국 정책 당국은 다시 재정과 통화정책을 더 적극적으로 운용했다. 그러나 부채는 급증했다. 여기다가 풍부한 유동성과 저금리로 주식 등 자산 가격에 거품이 발생했다.

인류가 코로나가 남긴 과제를 현명하게 극복하고 역사는 진보할 것이다. 그러나 그 과정에서 진통이 불가피해 보인다. 눈앞에 있는 문제는 부채와 자산 가격 거품을 충격 없이 해소해가는 것이다.

: ESG 경영 시대의 도래

이런 측면에서 'ESG 경영'이라는 말이 많이 나온다. 특히 거의 모든 국가와 기업이 환경에 신경 쓰고 있지 않은가. 이 때문에 내연기관차가 줄어들고 전기차 늘어날 것이며, 전기차는 가장 빠르게 성장할 나라가 중국이다.

그래서 중국 전기차 시장에 계속 관심을 가지라는 조언을 한 것이다.

지금 반도체 일부 산업에서는 공급 부족이 일어나고 있는데, 그걸 제하면 아직도 전 세계가 모든 산업에서 공급이 수요를 초과하고 있다. 초과 공급이 존재한다는 것이다. 이걸 해소하기 위해서는 가계 소득이 늘어나고 소비가 늘어나든지 기업이 공급을 줄여야 한다. 그런데 1부에서 설명했듯 소득 불균형 때문에 부모보다 가난한 자식 세대라고 불릴 정도로 자식 세대가 부모 세대보다 못 살고 있다. 소비가 늘어날 가능성이 굉장히 낮다는 뜻이다.

그렇다면 공급을 줄이는 수밖에 없고, 결국 산업 측면에서 구조조정을 해야 한다. 이를 나는 '산업의 심화'라고 부르는데, 산업은 존재하지만 그 산업에 존재하는 기업은 갈수록 줄어드는 현상을 뜻한다. 이것이 바로 기업의 구조조정이다.

정말 많은 기업이 버티고 있지만 우리나라 기업 중 35%의 이자 보상 비율이 1% 미만이다. 우리 기업 35%

가 1년 영업이익 내서 이자도 못 갚는다는 뜻이다. 정부 지원으로 버티는 기업도 많다. 우리나라뿐만 아니라 전 세계적인 현상이고 중국도 마찬가지다. 그런데 앞으로 금리가 오르든지 경기가 나빠지면 많은 기업이 구조조정을 할 수밖에 없을 것이다. 물론 여기서 살아남는 기업은 더 잘될 것이다.

: 포스트 코로나 시대에 살아남는 기업

살아남는 기업이 되려면 어떻게 해야 할까? 해답을 5가지로 정리할 수 있다.

첫째, 핵심가치를 강화해야 한다. 어려운 시기에 자기가 잘하는 분야는 더 잘해야 한다.

둘째, 산업 추세에 따라 양손 경영을 해야 한다.

셋째, 인수합병M&A에 적극적으로 나서야 한다. 2022~ 23년에는 글로벌 경제의 침체와 주가 하락으로 좋은 기업들이 낮은 가격에 많이 나와 인수합병 기회가 많을 것이다.

넷째, 거듭 강조했듯 중국 등 아시아 소비 시장도 잘 이용해야 한다.

다섯째, 여성의 참신한 아이디어를 더욱 적극적으로 활용하는 것도 필요하다. 내부적으로는 남성 임원만 있는 회사보다 여성 임원이 섞여 있는 회사가 더 잘된다. 예를 들어 어떤 회사에서 매월 1일 임원회의를 하는 데 남성 임원만 있으면 별 아이디어 없이 회의에 참석한다는 것이다. 그러나 여성 임원들이 있으면 남성 임원들은 여성 임원들한테 잘 보이고 싶은 욕구가 있으므로 더 많은 아이디어를 가져오고, 여성 임원도 참신한 아이디어를 가지고 회의에 참석하게 된다. 그 아이디어를 회사 경영에 적용했더니, 나중에 그 회사의 매출액과 이익이 늘고 주가도 올랐다는 것이 미국 경영학자들의 주장이다.

한편 코로나19 이후 가속화하는 또 하나의 추세는 개인화한 다양한 상품에 대한 수요다. 과거에는 동일한 상품을 값싸게 대량생산하는 것이 기업의 목표였다. 그러나 코로나 팬데믹 이후 변화에서 살펴본 것처럼 세계화보다는 지역화가 더 중요해지며, 일을 하는 과정에서도 사회화보다는 개인화 현상이 두드러지게 나타나고 있다. 이에 따라 생산성을 중시하는 동일한 상품보다는 개인의 수요를 충족시킬 수 있는 다양한 상품 생산이 늘고 있다. 맥주를 예로 들 수 있다. 한 맥주 제조회사에서 특정 맥주를 값싸게 대량생산할 수도 있지만 최근에는 개인의 수요에 따라 다양한 맥주가 생산되고 있다. 중소기업들도 이런 방식으로 고객의 다양한 수요를 충족해줄 수 있다면 지속적으로 성장할 수 있을 것이다.

국내총생산GDP, Gross Domestic Product

한 나라에서 일정 기간에 가계, 기업, 정부 등 모든 경제 주체가 생산한 재화 및 서비스를 부가가치를 시장 가격으로 환산하여 합산한 것이다. 외국인이든 우리나라 사람이든 국적을 불문하고 우리나라 안에서 이루어진 생산활동이라면 모두 포함된다. 전 세계 대부분의 국가가 생활 수준이나 경제성장률을 분석할 때 이 지표를 사용한다.

명목 금리nominal interest rate

채권, 예금 등 금융상품의 액면금액에 대한 이자율, 즉 유가증권 표면에 표시된 액면금리를 뜻한다. 물가가 상승하면 이를 반영해서 금리수준이 높아지지만 금리의 실제 가치는 떨어질 수도 있다. 따라서 명목 금리에서 물가상승률을 뺀 금리가 실질 금리다.

인플레이션inflation

통화량의 증가로 화폐가치가 하락하여 물가가 전반적, 지속적으로 상승하는 경제 현상을 뜻한다. 인플레이션 악화되어 통제를 벗어난 상태를 '하이퍼인플레이션'이라고 한다. 또한 국민경제적으로 봤을 때 총수요가 총공급을 상회하기 때문에 생기는 물가 상승을 '초과수요 인플레이션'이라고 한다.

디플레이션deflation

통화량의 축소로 인해 경제 전반적으로 상품과 서비스의 가격이 지속적으로 하락하고 경제활동이 침체되는 현상을 말한다. 인플레이션은 광범한 초과수요가 존재하는 상태인 데 비해 디플레이션은 광범한 초과공급이 존재하는 상태다.

골디락스 경제Goldilocks economy

영국의 동화 『골디락스와 곰 세 마리Goldilocks and the Three Bears』에서 따온 것이다. 동화의 내용은 이렇다. 골디락스라는 이름의 소녀가 산속에서 길을 잃어서 우연히 곰이 사는 집에 들어간다. 집 안 식탁에는 세 그릇의 죽이 놓여 있었다. 굉장히 차가운 죽, 굉장히 뜨거운 죽, 뜨겁지도 차갑지도 않은 죽.

골디락스는 뜨겁지도 차갑지도 않은 죽을 먹는다. 골디락스가 먹은 죽에 빗대어 지나치게 좋지도 않고 지나치게 나쁘지도 않은, 적당히 좋은 경기를 뜻한다.

환율 전쟁

각국이 자국의 산업을 보호하고 수출을 늘리기 위한 목적으로 외환시장에 인위적으로 개입하여 자국의 통화를 가급적 약세로 유지하려고 경쟁하는 것을 말한다. 자국의 통화가 약세를 보이면 수출 제품의 해외 가격이 낮아지므로 매출을 늘일 수 있다.

기축통화

국제 간의 결제나 금융거래의 기본이 되는 통화를 뜻한다. 1960년대에 미국의 트리핀 교수가 처음 명명했으며, 현재는 미국 달러가 기축통화의 역할을 하고 있다. 기축통화가 되기 위해서는 환율이 급등하거나 하락하지 않는 안정성이 있어야 한다. 또한 모든 거래에서 많이 사용되어야 하며, 세계 경제를 선도할 수 있는 경제력과 선진화된 금융시장을 갖추고 있어야 한다.

3저 호황

1986~1988년에 걸쳐 저달러, 저유가, 저금리로 인해 우리나라가 유례없는 호황을 누렸던 것을 뜻한다. 1985년 플라자 회담의 합의에 따라 미국이 달러 가치를 낮추려는 압박, 국제원자재 가격 상승, 저금리라는 대외적 여건으로 인해 우리나라의 수출경쟁력이 상대적으로 높아졌다.

선행지수순환변동치

향후 경기변동을 단기적으로 예측할 때 선행종합지수를 이용하는데, 추세·순환계열인 선행종합지수에서 추세 요인을 제거해 산출한 것이다. 향후 경기 국면과 전환점을 단기적으로 예측할 때 선행종합지수 그 자체보다 선행지수순환변동치가 활용된다.

동행지수순환변동치

현재의 경기상황을 판단할 때 동행종합지수를 이용하는데, 동행종합지수에서 추세 요인을 제거한 것이 동행지수순환변동치다. 경기의 국면과 전환점을 명확히 보여주므로 이를 파악하는 데 활용한다.

버핏 지수Buffett indicator

금융투자의 대가 워런 버핏이 주식시장의 과열 정도를 측정하기 위해 제안한 지표로, 국내총생산GDP 대비 시가총액 비율이다. 버핏 지수가 70~80%면 저평가된 증시로, 100% 이상이면 거품이 낀 증시로 여긴다.

케이스-실러 주택가격 지수Case-Shiller Home Price Indices

미국 경제학자 칼 케이스와 로버트 실러가 공동 개발한 지수로, 미국 주택시장 동향을 알아볼 수 있는 대표적인 경제지표다. 신용평가회사인 스탠더드 앤드 푸어스S&P가 발표하며, 미국의 주요 대도시 지역을 대상으로 최소한 두 번 이상 거래된 단독주택 가격의 변화를 지수로 산출한다.

참고 문헌

그레이엄 앨리슨(정혜윤 옮김),《예정된 전쟁》, 세종서적, 2018

김영익,《그레이트 리셋》, 포레스트북스, 2021

김영익 외,《투자의 신세계》, 리치캠프, 2021

안드레 군더 프랑크(이희재 옮김),《리오리엔트》, 이산, 2003

앨프리드 맥코이(홍지영 역),《대전환》, 사계절, 2019

유발 하라리(김명주 옮김),《호모 데우스》, 김영사, 2017

제러미 리프킨(안진환 옮김),《글로벌 그린 뉴딜》, 민음사, 2020

짐 로저스(전경아 역),《위기의 시대, 돈의 미래》, 리더스북, 2020

Ray Dalio, *Big Debt Crises*, Bridgewater, 2018

KI신서 10230

더 찬스: 당신에게 찾아올 부의 대기회

1판 1쇄 발행 2022년 5월 11일
1판 4쇄 발행 2022년 6월 8일

지은이 김영익
펴낸이 김영곤
펴낸곳 (주)북이십일 21세기북스

인생명강팀장 윤서진 **인생명강팀** 남영란 강혜지
디자인 표지 어나더페이퍼 본문 제이알컴
출판마케팅영업본부장 민안기
마케팅2팀 나은경 박보미 정유진 백다희
출판영업팀 이광호 최명열
제작팀 이영민 권경민

출판등록 2000년 5월 6일 제406-2003-061호
주소 (10881) 경기도 파주시 회동길 201(문발동)
대표전화 031-955-2100 **팩스** 031-955-2151 **이메일** book21@book21.co.kr

ⓒ 김영익, 2022
ISBN 978-89-509-0075-5 (04300)
        978-89-509-9470-9 (세트)

(주)북이십일 경계를 허무는 콘텐츠 리더

21세기북스 채널에서 도서 정보와 다양한 영상자료, 이벤트를 만나세요!
페이스북 facebook.com/jiinpill21 **포스트** post.naver.com/21c_editors
인스타그램 instagram.com/jiinpill21 **홈페이지** www.book21.com
유튜브 youtube.com/book21pub

서울대 **가**지 않아도 들을 수 있는 **명강**의! 〈서가명강〉
'서가명강'에서는 〈서가명강〉과 〈인생명강〉을 함께 만날 수 있습니다.
유튜브, 네이버, 팟캐스트에서 '서가명강'을 검색해보세요!